# 启功评述集稿

董琨 著

创于1897
The Commercial Press
商务印书馆

**图书在版编目（CIP）数据**

启功评述集稿 / 董琨著 . — 北京：商务印书馆，2022
ISBN 978-7-100-21103-1

Ⅰ.①启… Ⅱ.①董… Ⅲ.①启功（1912—2005）—
人物研究 Ⅳ.① K825.72

中国版本图书馆 CIP 数据核字（2022）第 076257 号

**启功评述集稿**

董琨 著

商 务 印 书 馆 出 版
（北京王府井大街36号 邮政编码100710）
商 务 印 书 馆 发 行
北京艺辉伊航图文有限公司印刷
ISBN 978-7-100-21103-1

2022 年 11 月第 1 版　　　　开本 787×1092　1/16
2022 年 11 月北京第 1 次印刷　　印张 17

定价：98.00 元

图1a 作者与启功的"工作照"合影1（左四为作者，左六为启功） 摄影：佚名

图1b 作者与启功的"工作照"合影2（左三为作者，左四为启功） 摄影：王宁

# 序

王宁

　　董琨老师写了一本纪念启功先生的书，约我写一篇序。写书的是我同行中可信赖的朋友，纪念的又是我十分敬重的老师，我不假思索地就应了下来。可提起笔来我就踌躇起来。董琨老师和启功先生深交的因缘是来自碑帖和书法，这两样我都在门外，是不太懂的。说不准了，对朋友无信，对老师不恭，所以，写了改，改了写，一拖就是好几个月。

　　我翻了过去的有关记录，梳理了书中提到的很多问题，决定不说碑帖和书法本身，换个说法来讲自己内心的感受。

　　我认识董琨老师的时间比他和启先生结识的时间晚得多，应当是在他到中国社会科学院语言研究所以后了。20世纪80—90年代，我深感知识的缺欠，想和自己的学生一起恶补古文字，颖民（陆宗达）师请赵诚老师来教甲骨、金文，我自己也读书自学。遇到的问题很多，那时候常常逛书店，偶尔发现一本语文出版社出版的《商周古文字读本》，翻开来站着就一口气看了十几页，买回来就成了不离手的常用书，因为书的体例太给力了，我在初学时就是这样认字、读辞、明理，一点点摸索着学下去。那本书最后一个署名的就是董琨，他也是和陈抗老师一起统稿的人。董琨老师因此走近我们，学科点作"汉字构形史"系列论文，从第一篇齐元涛的《唐代碑刻楷书构形系统研究》开始，他就是我们论文评审和答辩委员，以后常然。他和我们的学术关系亲密，更因为启功先生的推荐。启先生不止一次对我说："你认识董琨吗？可知道他也是北师大校友？他本科是学生物的。"生物和古文字距离之远，曾引起过我的一点好奇，但我没有深想。十年"文革"过去不久，想想自己的经历，没有什么是不可能的。

启先生《汉语现象论丛》在中华书局重新出版，是董琨老师协助策划的。我读了这本书兴奋异常，觉得启先生把汉语的特点说透了，是语言学界拘在"葛郎玛"体系里的专家不可能说得出来的，于是决心要开一个这本书的学术研讨会。这件事由我们来做，又是关于汉语语言学的问题，总要有学术界的同道来支持。启功先生在古籍、书画、文物、文学这些领域早已经无人不晓，但当时的语言学界，还是以西方引进为主导，有多少人能读启先生的这本书，关注汉语的特点呢？我们初步拟定了与会的校外专家名单，也请启功先生提供人选。启先生点了中华书局陈抗、赵诚和语言所董琨三位老师的名，其实三位中两位都已经是我们熟识的了。接着我们又开过两次关于启先生语言文字和书法学的研讨会，董琨老师都有论文和发言。仔细读了他的文章，更加了解他的为学和为人。后来艺术传媒学院举办过一次"启功赠友人"的书法展，董老师送来的作品（手卷）是分量最重的。

我比较多知道董琨老师与启先生的交往过程，是在《汉语现象论丛》研讨会后，董琨的《赏花者的审根情结》的文章在《北京师范大学学报》1996年第4期发表，学报赠给我们几本刊物，我专门去给启先生送这期学报。那天比较晚了，启先生精神很好，也很高兴，向我说起认识董琨老师的这段往事，特别说起董琨老师是在校医院很偶然地碰见他，这年轻学生突然问起《兰亭帖》真伪问题，声音越来越大。启先生说："没想到他知道的挺多，还问起我写那篇文章的心思，他自报家门说是生物系的，我取完药等他出来，总要把话说完呀！"我听后十分感动。这次提前读了董琨老师的部分书稿，对董琨老师和启先生相识、相交和熟知的过程了解得更详细了，感到他们三十五年的缘分，很有一些传奇性。

董琨老师读高中时，家里藏有一部线装十卷十册的《淳化阁帖》，被他带到学校时常翻阅。1965 年他高中毕业，报考北京师范大学的生物系，是个很难考的专业。但高考临近的时候，他却对《光明日报》发表的郭沫若文章《由王谢墓志的出土论到兰亭序的真伪》引起的关于《兰亭帖》真伪的大辩论发生了浓厚的兴趣。郭沫若的这篇文章颠覆了他从小就认为是"天下第一帖"的《兰亭》的景仰，于是他不顾一切地关注起这场热闹的笔墨官司来，有关文章一篇也不放过。辩论开始不久，启功先生的文章《〈兰亭〉的迷信应该破除》也见报了。高中还没毕业的董琨感到，这篇文章标题似乎支持郭沫若的观点，内容却表现出诸多矛盾和犹豫，他因而记住了"启功"这个有点新奇的姓名。这就是董琨和启功先生缘分的开始。董琨考上北师大生物系的第二年，"文化大革命"就开始了，到 70 年代初，1965 级的毕业生还没有离校。有一次他去校医院看病，等着叫号的时候在邻座的病历本上看到启先生的名字，立即兴奋，毫无遮拦地提起那篇关于《兰亭帖》的文章，而且把自己的疑问说了出来，还大胆说了自己对《兰亭》真伪的看法。这就跟启先生跟我说的情况完全对上号了。读了这一段叙述，我更加理解了董琨老师对启功先生的感情，和启先生对他的深刻影响。

一个人的学习动机，也就是他的"初心"，不可能一开始就对自己所做的事有充分的理性认识，只有两种动机是纯净无瑕的：一种是被仁心所激发的追求，一种是为兴趣所吸引的投入。只有这种无功利的动机，能使人心无杂念，一直追寻下去，把"初心"发展成专业或者事业。董琨老师高中毕业报考的是北师大生物系，那是一个比较前沿的学科，录取分数很高，作为福州一中的学生，我想，他选择这个专业是基于对自己成绩的估计，并不一定有多少了解。他的兴趣是在古代的碑帖、典籍，不论是因为当时并没有相应的高校本科专业，还是因为当时成绩优异的学生不会主动选择文科，结果都是一样，他并没有把求学的志愿和自己的兴趣统一在一起。那种纯兴趣的爱好是不含功利的。

在 20 世纪 70 年代，碑帖真伪的鉴定问题，已经成为一种只有少数人还能涉足的"绝学"，而启功先生却是真正的行家。现在想来，启功先生未必愿意把自己有些违心的文章拿出来讨论，但一个完全不在圈内的年轻人不知天高地厚的坦诚，让启功先生放下疑虑和戒备，有得遇知音的感觉；而这个年轻人的见地和思想，又让启先生感到后生可畏的惊讶和孺子可教的欢喜。那么，他们日后密切的交往也就可以理解了。启先生是我本科的老师，因为是颖民师的好友，请谒的机会比其他人多一些，民俗典籍文字研究中心那十年，又因为在启先生指导下建学科，有机会领略启先生文字语言方面的深厚造诣，为人上也多受先生的指点。但自己对中国传统文化方面的很多学与艺大多陌生，连略得皮毛都谈不到。我从自己的反思体会到，像启功先生这样曾被中国文化浸润过的学者，他的学养很多是我们的盲区，有很多"绝技""绝学"在北师大是无人可以共语的。董琨老师因为兴趣而非常投入学到的东西，很快引起启功先生的注意，是毫不奇怪的。

上世纪 70 年代初，"文革"还没有完全结束，启功先生的处境并未完全改善，声望也还没有后来那样显赫。董琨老师除了从那篇《兰亭》真伪的文章中记住先生的名字，推测他是行内人以外，连启先生"会写字"还是听说的。用启功先生自己的话说："可能还是因为我抄大字报才听说的。"而他年少时存在心里的疑问未能释怀，因此见到启先生本人不顾场合毫无城府地问出那些问题，除了希望解惑，他既无表现之心，更无攀附之意，这种心地纯净的稚嫩，启先生不可能没有觉察，这应当是启先生没有责怪他的莽撞，反而愿意亲近并授之以鱼和渔的原因吧！试想，如果董琨老师没有遇见启先生这样的大家，或者遇见的不是启先生这样心怀仁爱以诚相待的前辈，他能不能有生物学转文字学的历程，都是说不好的。

我后来跟董琨老师一起做过几件事，最重要的两件事是董老师牵头做《语言学名词》审定时，他约我做训诂学名词解释，和后来《辞源》第三版修订我约他一起主编。到 20 世纪 90 年代，启先生的名声已经很大，但董琨老师从来没有向我或其他什么人说起他和启先生的深交，可见这件事他存之于心，是十分珍惜的。董琨喜欢带外地的朋友去逛文物市场，别人都以为是因为他住得离潘家园近的缘故，但我总会因此想起他青少年时的爱好和后来的转行，心里不免很多感触。

现在，读了董琨老师纪念启功先生的书稿，情况知道得更为详尽，有时我想，启功先生虽然带过很多学生，后来者也多有成就，但他的学问专长远不止于此，很多绝学之所以没能得到真正的传承，是因为在 20 世纪 70 年代，中国传统文化的一些重要的门类，还没有全面列入高校文科的内容；即使列入，由于这些门类注重经验性的特点，与现代学科体系、招生办法和教学方式其实是不太适应的。好在启先生生前有过论著、创作、事迹，可以提供后人去学习；只是要想还原先生全面的学识，达到先生真实的高度，终于是不可能了。董琨老师得启先生教益多年，虽没有沿着碑帖、书法的专门研究走下去，但他成功地从生物学科转到商周古文字研究积累深厚、汉语史学科十分强盛的中山大学做研究生，如此大跨度的转行，说明他自学根底的深厚。而且，他不论在中央广播电视大学还是在社科院语言所，总是从中国古代文化史的角度提出课题、创建课程，对古文字和书法尤其重视，他应当是我知道的不忘初心、忠于理想的难得的学者。

这本纪念评述和回忆启功先生的书，虽然流畅平易，只是在讲事实、谈感受，但情深意切，对影响了自己一生道路的人无限怀念和感激。我相信，这本书不仅仅告诉我们很多关于启功先生的学问和故事，更会让人们懂得执着奋进的可贵、改变命运的可行和真诚相待的可敬。也会有很多人和我一样，为那段传奇的相识和三十五年的相交相从深深感动！

2020 年 8 月 28 日北师大

# 目录

内篇

学术举隅

一

语言文字学

# 学习和继承启功先生的语言文字学成果

启功先生的学术成就是多方面的，世人共知，毋庸缕述。作为一代国学大师，他自幼熟读古书，接受传统蒙学的严格训练，古代文献烂熟于胸；同时，他也继承了我国学术界重视语言文字学的优良传统，在这方面下过很大功夫，他曾自述："我一直教书，所教的仍是语文方面的课程，……首先是扫开语言文字上的障碍。"（见《汉语现象论丛·前言》，商务印书馆（香港）1991年12月版；中华书局1997年3月版）"回忆起来，这五十年工作的绝大部分，都是把文言变成白话。"（同上，《有关文言文的一些现象、困难和设想》）可以说语言文字学是他本职工作的基础，由此激发他的思考、探索与研究，也产生了许多分量綦重的成果。

启功先生发表于20世纪60年代的《古代字体论稿》（文物出版社1963年7月第1版；1999年3月第2版），虽然只有三万多字，却是内容丰富，论述精辟，有机结合传世文献和出土的文字实物资料，把汉代以来关于汉字字体问题的许多缠夹不清的纠葛和聚讼，进行细致的清理；许多同名异实、异名同实的现象和术语，得以明晰的澄清。更难能可贵的是，书中基于科学的论证而做出的某些推测，后来果然得到了考古材料的印证，如第八节"推证秦有汉隶样的，或说有接近汉隶样的字，……我想这种秦隶的风格，还是手写特点较多的吧！"1975 年年末，在湖北云梦睡虎地出土的大批秦简，其书写形态证实了作者的这种推证是正确的（用 1999 年重印时先生加的按语来说，是"可以印证本文当时推论尚不违背实际"）。

所以这部著作，既是我国传统文字学在字体问题方面的一个极为重要的总结，又开启了现代意义上的汉字字体学的先河，已然成为汉语文字学领域的公认的经典著作，可以说由此足以奠定启功先生语言文字学大师的崇高地位。

启功先生对于汉语的词汇（训诂）、语法、修辞、各种文体及诗词格律等范畴进行研究的代表性成果，则主要见于《汉语现象论丛》一书（以下简称《论丛》）。

这本书是由若干篇相关文章组成的论文集。在结集的时候，著者撰有一篇《前言》，集中讲述他长期对以《马氏文通》为代表的西方"葛郎玛"（grammar）语法体系运用于汉语分析所产生的种种问题的思考，主要有："'葛郎玛'是否分析汉语语言规律唯一可用的法则""没学过'葛郎玛'的人是怎么读懂文言文的""我对汉语规律试行探讨的经过"；等等。书中各篇文章的内容都非常丰富，并且大抵高度浓缩，诚如著者在该书的《古代诗歌、骈文的语法问题》的文末所言："只是提纲性的一些看法，每一个论点都还有进一步探索和阐发的余地。"因而值得反复阅读和回味，可以令人每每有"常读常新"之感。

如果要概括启功先生语言文字学的思想及其成果的特点，我们认为可以主要归纳为如下三条：

## 一、立足于汉语，追求民族特色

　　启功先生所有关于语言文字的论述，都是立足于汉语，寻求汉语的特点与规律，探讨古今汉语的异同，追求汉语言文字学研究的民族特色。他认为："一个民族的语言规律，凡能多摸到一条，即有一条的认识。这种规律是其内在的，而不是外加的或套上的。"（《论丛·有关文言文中的一些现象、困难和设想》）

　　当然，启功先生也不排斥外语的研究，他对西方"葛郎玛"是认真学习的，但是他认为不能用外语的特点来套汉语。他说过："'他山之石，可以攻玉'，在某些方法上，'借英鉴汉'，又有何不可！只是'借英鉴汉'与'以英套汉'应该有所不同。"（《论丛·前言》）应该说，汉语学界"以英套汉""以外套汉"的简单化倾向，并未完全断根，正需要借重启功先生的告诫，以为我们的清凉之剂。

## 二、立足于现象，不为无根游谈

　　启功先生研究和论述汉语言文字，总是从问题出发，从材料出发，也就是从现象出发，他提倡"留心汉语的客观现象，不先忙着定出法则"。（《论丛·文言文中"句""词"的一些现象》）他坦言《论丛》所谈，"只是一堆的问题，这些问题又多是从汉语已呈现出来的种种现象着眼的。"而这恰恰是本书最大的价值所在，因为任何有意义的科学研究都是把现象及由现象产生的问题作为出发点的。对于汉语的研究（推而广之对于任何一种语言研究）来说，这一点更为重要；因为这样能给汉语的研究提供一个坚实的基础与平台，由此出发的研究和论述，就可以不再无的放矢，不再游谈无根，从而最大限度地避免以往汉语研究中忽视现象和材料的弊端。

我们还可以指出，启功先生所提出的问题和现象，都是那么兴味盎然，那么发人深省。尤其是关于古代诗歌、骈文的问题，更是以往汉语研究的薄弱环节，但其中却不乏音韵、韵律、构词、句法、语义、语用、认知的诸多问题。如果我们重视并且沿着他的考察方法与思路，继续深入探讨，那么对于汉语的特性的认识与描写，一定会有更多的创获。

三、立足于应用，摒弃高论标榜

启功先生对于语言文字学的思考与研究，是紧密结合自己的教学实际的。因此，他的语言文字学论述，无不是立足于应用，摒弃种种脱离实际、故作高深的空论、虚论。他注意古今汉语、文言白话的等值的翻译，注意中文信息处理的"电脑传译"（《论丛·前言》），注意辞书编纂的义项归纳与排列。他重视比喻与用典在汉语表达中的作用，揭示汉语诗文的声律，也可以说是意在引导现代人们高水平的创作。例如他多次阐述、强调隋代陆法言《切韵·序》中"欲广文路，自可清浊皆通；若赏知音，即须轻重有异"一语的含义，是指"韵部的清浊可以通押"，而"今天行事，处处革新"，所以诗词创作，更可不必"拘古代的韵部"（《启功人生漫笔·汉语诗歌的构成及发展》，同心出版社 2002 年 7 月版）。他对于汉字书写的种种"破除迷信"的论述，更可以作为汉语言文字学实际应用的利器。

启功先生虚怀若谷，不事张扬，但他珍惜自己的语言文字学研究成果，也很在意语言文字学界的反映和意见。《汉语现象论丛》即是听取了后学者的建议，为扩大读者面，继香港出版之后，又在内地增订出版的。然而由于某些原因（主要可以说是为他在中华文化的其他诸多领域如古典文献学、历史学、文物鉴定、书画创作等方面的重大成就所掩），社会上、包括语言文字学界，对于启功先生的语言文字学成果的了解和重视程度，都是相当不够的。这不能不说是一个极大的遗憾。现在，启功先生已经永远地离开了我们，我们在悲痛和悼念之余，应该学习和继承他毕生辛劳而创造的精神文化遗产；作为语言文字学工作者，更应该重视并阐发他的语言文字学思想和论述。这对于我国语言文字学界深化对语言文字，尤其是对汉语特点的认识，提升汉语研究和应用的水平，纯洁我们的学风和文风，都将具有不可估量的作用和意义。

[刊于《中国语文》2005 年第 5 期]

# 确立启功先生语言文字学大师的地位

## ——启功语言文字学成果简介

### 一、启功先生继承了中国学术界历来重视小学的传统

我国历来以"教化"立国，所谓教化，即是教育与文化。我国特有的或者说是具有中国特色的人文基础学科如经学、史学、理学、经济学（经世济民之学）、考据学、词章学、语言文字学等，都可以说既是施行教化的成果，又是用以进行教化的工具。在这些传统学科中，语言文字学（古称"小学"）是具有特殊的作用和地位的。一般认为小学是一切学科的基础。如清末张之洞在《书目答问·姓名略》中说过："由小学入经学者，其经学可信；由经学入史学者，其史学可信；由经学、史学入理学者，其理学可信；以经学、史学兼词章者，其词章有用；以经学、史学兼经济者，其经济成就远大。"俞樾在给谢启昆《小学考》的"序"中也说过："夫士不通经不足以致用，而非先通小学无以通经。"这些话表达了我国学术界传统的学科和知识的价值观念，体现了对于语言文字学的高度重视。所以我国有成就的文史学科的学者，在他们毕生的辛劳研究与著述中，无不涉及语言文字学的领域。传统国学，无论两汉朴学、

两宋理学，以及有清乾嘉学术，小学的成果都占其中相当大的部分。乃至近现代的国学大师如梁启超、陈寅恪、陈垣（援庵）等，他们也都曾致力于小学方面的研究，给我们留下这方面的论述。王国维从早年研究"欧西之学"（尼采、叔本华等）转向专研国学，尤其是古文字学而成绩斐然，都是人们熟知的例子。

我们敬爱的当代学术前辈启功先生，应该说是继承了我国学术界重视语言文字学的优良传统，除在文学、史学、文献学以及诗词书画创作、文物鉴定等诸多领域取得令世人瞩目的辉煌成就之外，同样在语言文字学园地辛勤耕耘，有关成果无论数量、质量，都是非同一般；但是，由于先生的成就是多方面、多领域的，所以语言文字学的成就多少被遮掩，甚至在语言文字学界也缺乏应有的重视，这是十分令人遗憾的，也可以说是学术界的莫大损失。今天，是到了我们作为语言文字学的工作者，郑重确立启功先生语言文字学大师地位的时候了。

我们知道，启功先生深受传统国学的熏陶、训练，以及20世纪现代科学思潮的影响，对传统小学到现代语言文字学都打下了扎实的根柢，具备了精湛的造诣，深得比他年长的著名古文字学者容庚、于省吾、唐兰等赏识，被这些大师级人物引为同道。作为启先生本人来讲，他确实是非常重视语言文字方面的研究的，他在《启功丛稿·论文卷·前言》（中华书局1999年7月版）中说过："历年教书，俱属古典文学。教古文之第一步，实为译古语为今语，于是有探索诗文古今语法之作，……"在《汉语现象论丛·前言》中说过："我从二十一岁开始教中学语文，不能不充实些语法知识，……后来我一直教书，所教的仍是语文方面的课程，……首先是扫开语言文字上的障碍。"在《有关文言文中的一些现象、困难和设想》中更概括地说："回忆起来，这五十年工作的绝大部分，都是把文言变成白话。"可见语言文字学是他安身立命的本职工作的出发点,由此激发他的思考、探索和研究。可以说启先生与语言文字学的天然联系、精力的投入和成果的丰硕,甚至远远超过前述的历史上的那些国学大师。

所以我们说启功先生作为语言文字学专家和大师,不仅具有历史的逻辑上的必然性,更具有现实的应用上的必然性。

## 二、启功先生的语言文字学成就

启功先生在语言文字学领域所建树的,当然远远超出了传统小学的文字、音韵、训诂的樊篱,而完全是植根于现代科学体系、同时又具有浓郁中国特色的汉语言文字学。这方面的贡献,多而且大,我认为大致有:

### (一)创建了现代意义上的汉字字体学

这方面的代表作是《古代字体论稿》。这本书的正文只有三万多字,然而内容丰富,视角独特,论述精辟,言简意赅,是一部"以少少许胜人多多许"的优秀的学术著作。它可以说是汉语传统文字学在字体问题方面的一个集大成的总结,又开启了现代意义上的汉字字体学的先河。

全书第一节"问题的提出",首先对"字体"这一术语做了科学的界定,指出它包含两个方面:"其一是指文字的组织构造以至它所属的大类型、总风格。""其二是指某一书家、某一流派的艺术风格。"其次,提出汉字形体发展历史上各个阶段大小不同的纠葛三大项(小篆以前的字体名称与实际形状问题,隶与八分的异同问题,其他许多比较零星的问题）。最后在总结前人研究字体的两种方法（一是侧重古代文献的记载，二是侧重某些著名法书字迹）的基础上，主张必须重视近代考古发掘所得的大量的古代文字实物资料，明确提出"实物和文献互证"的方法。

第二节"考察的起点"即首先从实物资料中切入，找出决定汉字字体变化的六个条件，即：时代、用途、工具、（书写）方法、写者刻者、地区。同时结合考察汉字组织构造和书写风格的变化对字体变化的影响，强调"手写"对汉字字体风格变化的重要作用。其次结合传世的文献资料的考察，得出六条重要结论，其中最后三条："同一名称，常有不同的内容""同一内容，又常有不同的名称""名称的兴起，常后于字体的产生和流行"，尤为精辟，同样具有方法论方面的重要启迪。

其下从第三节至第十节，依次运用上述方法和思路，对"八体、小篆""籀文、大篆""古文""科斗书""鸟虫书、虫书""隶书、左书、史书""八分""草书、章草"等字体传统文字学中缠夹不清的字体名称进行了逐一的分析和梳理。

最后第十一节的"余论"，也提出许多重要观点：

1. 每一个时代都不止一种字体；

2. 每个时代的字体至少有三部分：正体字、古体字、新体字（俗体字），它们有如祖、子、孙三辈的关系；

3. 从字体的用途可见一种字体在当时的地位；

4. 古代书写者崇尚的创作标准常常导致字体的变异和发展。

以上关于汉字字体的总论和各论，针对古代文献中有关汉字字体的各种纷繁乃至于玄虚的、相互矛盾的记载和说法，都一一进行了分析和裁断，犹如老吏断狱，铁案如山。更难能可贵的是，书中基于科学的论证而做出的某些揣测，后来果然得到了考古材料的印证，如第八节"推证秦有汉隶样的，或说有接近汉隶样的字。……我想这种秦隶的风格，还是手写特点较多的吧！"1975 年年末，在湖北云梦睡虎地出土的大批秦简，其书写形态证实了作者的这种推证是正确的（用 1999 年重印时先生加的按语来说，是"可以印证本文当时推论尚不违背实际"）。

《古代字体论稿》自出版问世以来，其中的观点和论述被许多相关著作反复征引，已成为汉语言文字学领域的经典之作，令人常读常新，并且激发、引导了许多对汉字、对汉字书法有兴趣的后学青年走上了文字学研究的道路。

（二）提倡汉字书写与艺术创作的创新，确立了汉字书写学的基本原则

启功先生是当代著名的汉字书法艺术大师，创造了严谨而不拘滞、秀媚而不俗气的"启体"，别具一格，雅俗共赏。在数十年的理论研究与创作实践中，他确立了汉字书写学的许多基本原则，奠定了汉字书写学的理论基础。有关汉字书写和艺术创作的独得之秘，散见于他的许多论文、题跋、演讲、谈话、书信乃至诗词歌赋之中，比较集中加以阐述的代表作主要有《论书绝句》（注释本）（三联书店 1990 年 6 月版），《论书札记》、《破除迷信——和学习书法的青年朋友谈心》（讲演录）（两篇均收入《启功书法丛论》，文物出版社 2003 年 12 月版）等，这些论述的学术价值和对于汉字书写学的理论意义，我认为起码可以归纳为以下几点：

第一，强调汉字书写的重要性。启先生常引用恩师陈援庵先生的话说，字写不好，学问再大，也不免减色。一个教师板书写得难看，学生先看不起（《夫子循循然善诱人》，见《启功全集》第 4 卷，北京师范大学出版社 2012 年 9 月版）。这可以说是确立汉字书写学的理论前提之一。

第二，强调汉字的美学特性和书写的美学原则。启先生认为，汉字的书写，是"随着中国（包括汉族和用汉字的各族人民）的文化发展而日趋美化。所以凡用这种字体的民族，都在使用过程中把写法美化放在一个重要位置。""从殷墟出土的甲骨和玉器上……可见当时书法已经绝不仅仅是记事的简单号码，而是有美化要求的。"（《关于法书墨迹和碑帖》，见《启功全集》第3卷）"汉字形体，……不断地被简化。奇妙的是，在简化过程中，即伴随着美化加工，并不是管美化的不管简化，管简化的不管美化。"（《〈书法丛刊〉"秦汉简帛晋唐文书专辑"引言》，见《启功书法丛论》）这种种论述，与现代符号学的理论是相合的。理论符号学认为，语言符号具有六大功能，除情绪或表现功能、促动功能、接触功能、认识或指称功能、元语言功能之外，还有"诗的或美学的功能"（李幼蒸：《理论符号学导论》第三编之一，中国人民大学出版社2007年6月版）。按照启先生的说法，汉字的美学功能和美化要求是尤其突出的。

启先生还确立了汉字书写美观的若干标准和原则，如："（点画）处处自然，都合法度，……行笔快而结构准，轻而不浮，快而不误。"（《汪雨盦教授书展书后》，见《启功全集》第5卷）"行笔如'乱水通人过'，结字如'悬崖置屋牢'。""行书宜当楷书写，其位置聚散始不失度。楷书宜当行书写，其点划顾盼始不呆板。"（《论书札记》）在形体结构方面，则揭示了楷体书写美观的"黄金分配律"原则（现已脍炙人口，此不赘述）。

第三，确立正确的实用的汉字书写的学习途径，破除以往对于汉字书写的种种主观偏执乃至故弄玄虚的说法和迷信。这类论述很多，是启先生反复强调的。现在看来，可以说比较集中地反映在《破除迷信——和学习书法的青年朋友谈心》的谈话稿中。

这篇谈话稿，一共分为十三章，标题分别为："迷信由于误解、字形构造应该尊重习惯、碑和帖、文房四宝、入门练习、学书'循序'说、'用笔'说、真书结字的黄金律、如何选临碑帖、执笔法、求人指教、参考书、如何才能写好字"。可见涉及面之广，再结合先生此前的有关论述，所破除的汉字书写方面的种种迷信，也归纳为以下几点：

其一，破除对传统"用笔论"的迷信，提出汉字的书写，重视结体应在重视执笔、用笔之上。

其二，破除对传统汉字书写教学的"九成宫""米字格"之类的迷信，提出汉字结体的"黄金分配律"。

其三，破除对晚清以来过分崇尚"碑版"的迷信，提出应当"师笔不师刀"。

其四，破除对于书写工具即文房四宝的迷信，提出符合个人使用习惯，即是好的工具。

其五，破除对于"幼功""循序""求人指教"以及"参考书"等等的迷信，提出学习书写，应以个人实践为主，辅以善于借鉴揣摩。

也许还可以加上不少，总的说来，先生关于破除迷信的种种劝勉和告诫，发前人所未发，都是根据自己多年的学习和创作实践的切身体会，作为世人尤其是青年学子的入门津渡，确实值得我们反复体味和琢磨的。

（三）对基于汉语特点产生的种种语言现象进行思考和归纳，揭示并分析了以《马氏文通》为代表的"葛郎玛"派的局限

对于汉语的词汇（训诂）、语法、修辞、各种文体及诗词格律等等，启功先生也有许多深入的思考与研究，这些方面的代表性成果就是《汉语现象论丛》（本节以下简称《论丛》）。

这本书可以说是由若干篇相关文章组成的论文集。但是在结集的时候，启功先生撰有一篇《前言》，集中讲述他长期对以《马氏文通》为代表的西方"葛郎玛"（grammar）语法体系运用于汉语分析所产生的种种问题的思考，主要有："'葛郎玛'是否分析汉语语言规律唯一可用的法则""没学过'葛郎玛'的人是怎么读懂文言文的""我对汉语规律试行探讨的经过"；此外由于《马氏文通》只是分析汉语文言文的散文，而不及韵文、骈文、诗词等，所以特别提到散文以外的各种文学体裁（律诗、骈文）的句式句调的探讨。在《前言》的"小结"中则认为《论丛》所谈"只是一堆的问题，这些问题又多是从汉语已呈现出来的种种现象着眼的"。而本书的读者——一般是汉语言及文学的研究者，则理所当然地将由此正视本书的价值，因为任何有意义的科学研究都是把现象及由现象产生的问题作为出发点的。

《论丛》的第一篇首论《古代诗歌、骈文的语法问题》，分为以下几个部分：1.汉语"语法"是什么，"说明汉语尤其古代汉语有它的特定规律"。2.汉语中的一些现象和特点，首先是古代汉语和现代汉语的共同点，主要有：基本语词差别不大，上下句语调抑扬对应，都有声调平仄，词的用字可以伸缩加减，口语中有对句，词序可以颠倒，等等；其次是汉语的词的一些特点，主要有：一字一音，多为单音节或双音节（复合词中间有"缝子"），多义、同义、反义的区分，构词用字的增减复合，虚字无定性、无确解、无专一用途，虚字有表意、表态之分，词的多面功能（兼类、活用）；再次是汉语语句构造的一些特点，主要有：以偏代全、以少代多（今长古短），环境中衬出主宾或上下挤出谓语（句法成分体现在语境中），少有真正的倒装句（语意侧重不同），句型和句中字数可以伸缩自如，句型以简短为主，语气和语意问题（句读的要领），诗歌、骈文句子排列组合的基本规律，典故的作用（集成电路）。3. 诗句、骈文句中的修辞问题。主要有：字数的增减常常不影响基本句意的表达，颠倒词序往往可以彼此成句（虽然语意及其侧重点有所不同）。4. 声调、声律是哪里来的（民间）。5. 小结：外来的分析术语和方法对于汉语研究存在局限性；古代语言的特殊性具有口语来源和基础；诗歌、骈文的形象性重于逻辑性；修辞的作用有时比语法的作用大。

从以上的归纳可以看出本文的内容非常丰富，并且高度概括，诚如著者所言，"只是提纲性的一些看法，每一个论点都还有进一步探索和阐发的余地。"是值得反复阅读和体味的。

第二篇《有关文言文中的一些现象、困难和设想》，"实是前篇的继续发挥"。分为九个部分：1. 探讨的动机。文言翻译成白话时遇到的困难（词的理解、转译和解释，句的组成，句与句之间的关系）。2. 字、词的界限（单字词变为双字词时的语音因素）。3. 虚字和实字（传统训诂学的分类，虚实的互相转化）。4. 词与词的关系（总是上管下）。5. 顿挫和倒装问题（真正的倒装句少）。6. 文言语词怎样解释才好（传统训诂随文解释的弊病）。7. 文言词汇的工具书有重新编写的需要（字词的义项应简化，最好要寻出含义的来源即"根"）。8. 句与句之间的关系（开合，起承转合）。9. 小结。

第三篇《文言文中"句""词"的一些现象》，分为六个部分：1. 引言。2. 对汉语观察的角度（汉语若干不合"葛郎玛"的现象：成分残缺、小虚词、语境因素等）。3. "句"的"节拍"（"语板"，四拍为常）。4. "句组"中的"节拍"（板眼，也多不超出四节）。5. "词"及"词的位置"（二字词的习惯根深蒂固，多字词的"上罩下"和"下承上"，骰子和盒子）。6. 余论（今之语犹古之语，词的切分，基本词的设想）。

（四）重视汉语修辞与语法的互动作用

《论丛》的第四篇《从单字词的灵活性谈到旧体诗的修辞问题》为中华书局本所增，分为七个部分：1. 引言（旧体诗用词用韵的利弊情况）。2. 单字也是"词"（凡有含义的，便是一词）。3. 从几种文体看单字词的灵活性（回文诗，集字诗、文和集字对联，"神仙对"和"诗牌"，嵌字格的"诗钟"，"集句联"和"集句诗、文"）。4. 一字词、两字词由灵活到拘滞（语汇变化造成的古词汇"窘况"；捆绑旧诗文的"绳索"："无一字无来历"、胪列词汇出处的"词书""家"和"派"的局限）。5. 拘滞词汇的勉强运用（无法串讲的句子，有待公认的新兴词汇，古代硬捏的词汇）。6. 旧体诗的绊脚石（"韵"的限制；韵书种种：今存最早的韵书、《广韵》后的韵书、宋朝曾经有人公开反对《礼部韵》、"出韵"的笑柄、次韵、最早创制韵书的目的不是为作诗押韵用的——对《切韵序》的理解）。7. 小结（诗歌创作应注意吸取民族形式，口语习惯，句法必然是汉语的）。

第五篇《比喻与用典》，只分两个部分：1. 谈比喻（语言的根本都从比喻而来，包括事物的命名、文字的创造等，比喻与实际事物有距离，所以训诂难以确切，语言存在模糊度）。2. 谈用典（典故的定义与性质，典故的作用与功能，典故是语言的信号压缩或集成电路，但也存在不少压缩坏的或滥造的信号）。结语：用典是灵活的可伸缩的比喻，广义的用典不可废。比喻与用典造成语言的灵活性。

（五）深刻归纳和总结汉语诗文声律和骈对的语言特征

作为《论丛》全书殿后的《诗文声律论稿》，曾经以手稿影印本的形式出版过单行本。著者曾自言："辛苦撰著《诗文声律论稿》，十年始就。"

（《启功丛稿·论文卷·前言》）可见这是著者耗费极大心血、用以"金针度人"的力作。全文分为十四个部分：1. 绪论（探索古典诗、词、曲、骈文、韵文、散文等文体中的声调特别是律调的法则，方法是从具体的现象中归纳出规律，但只是"其然"而不是"所以然"。它们是古代汉语习惯的一个部分，也是古代汉语语言艺术的一个部分）。2. 四声、平仄和韵部（全国语音区域分两大类：甲类为非官话区，乙类为官话区；历代韵书分两大类：A 类为《切韵》至《佩文诗韵》系统，B 类为《中原音韵》至"十三辙"系统。平仄即扬抑，是语音声调中最概括、最起码的单位，平仄的排列是诗文声律最基本的法则）。3. 律诗的条件（句中和句间讲求特定规格的平仄，平声韵脚，通常每首八句，中间两联必须对偶）。4. 律诗的句式和篇式（平仄音节犹如长竿，可截取出五、七言句各种句式；篇式则分首句不入韵和首句入韵两类，每类又分仄起、平起诸式）。5. 两字"节"（仄节和平节，盒盖盒底的比喻，对"一三五不论，二四六分明"歌诀的评价；各文体句中的节，应除去领、衬、尾字来计算；七言的句末三字要成为"三字脚"）。6. 律句中各节的宽严（部位：下段比上段严格；声调：平声比仄声严格）。7. 古体诗（不合律体条件的诗，声调有其特点）。8. 拗句与拗体（律诗中存在声调不合律的句子与诗篇）。9. 五言、七言句式总例。10. 永明声律说与律诗的关系（诗歌方面走向律化的探索归纳，对"八病"的分析）。11. 四言句、六言句（合律句式是盒盖交错变换）。12. 词、曲中的律调句（占作品中多数，元曲押韵可平仄通押）。13. 骈文、韵文中的律调句和排列关系（精粗之别；有韵无韵；平节仄节的交替；句与句间以"联"为基本单位）。14. 散文中的声调问题（各节抑扬、句式句脚排列、字面的对偶等也有讲究，只是不那么机械严格而已）。

（六）对某些富有汉语特点的文体和语料的研究和评介

《论丛》的第六篇《说八股》是当代不可多得的介绍八股文知识的名篇。长期以来八股文曾经是我国的主导文体，科举制度废除后业已失传，如今知者寥寥。本篇分为十个部分：1. 引言（"八股"是一种文章形式的名称，本身并无善恶之可言；"八股"符合人们表达的一般语言次序）。2. 八股文的各种异称（八比、制艺、经义、制义，时文、时艺、《四书》文）。3. 八股文形式的解剖（题目、破题、承题、起讲、八股、四比）。4. 八股文的基本技巧和苛刻的条件（换字、对偶、相题、口气、磨勘、钓、渡、挽、儿戏题）。5. 选和批（坊间选中试八股文为"新科利器"，并加各种评点批语以供举子揣摩学习）。6. 八股文体的源流（渊源为北宋以来的"经义""大结""策问"等，明代弘治以后逐渐定型）。7. 八股文的韵律（音节平仄相间，以清代周镐的《逸民伯夷叔齐》为例）。8. 最著名的游戏八股文（清代尤侗的《怎当他临去秋波那一转》）。9. 余论（八股文的危害，但其"模槽"也得自古代文学传统，至今成为民族文化史的一种"遗传基因"）。10. 试帖诗（在科举考试中与八股文并行的一种文体，为"五言八韵诗"；弥补八股文之不足）。

《论丛》第七篇《创造性的新诗子弟书》，也是介绍一种今人已知之甚少的文体。分为九个部分：1. 引言（清代足以与唐诗、宋词、元曲、明传奇相媲美的一种说唱文学形式）。2. 来源（山海关内外各兄弟民族的共同创造，其发源与提高则与旗下子弟密切相关）。3. 形式和题材（句式灵活而不脱离七言句的基调；取材于著名小说的为多）。4. 唱法（唱起来每一字都很缓慢；有"东调""西调"之分）。5. 平仄、用韵和句法基调（平仄按北方音，韵脚是"十三辙"，基调主要用七言律诗句子，间加些其他字数的碎句做衬垫）。6.刻本《忆真妃》（句式行款）。7.《忆真妃》的作者（春澍斋；为子弟书作者唯一有姓字可考者）。8.创造性的新诗体（宜称"子弟诗"；一举数得的民族的、民间的、"雅俗共赏"的新体诗作）。9.子弟书与八股文（皆是"代题中人物说话"）。末附《忆真妃》全文（曲词、批语）。

### 三、确立启功先生语言文字学大师的地位

对于启功先生即使是语言文字学成就方面的归纳、阐发和评价，远远不是我这个浅学后辈所能置喙的；然而，学习和传承启功先生的语言文字学，是我们每个语言文字学工作者的使命，因此以上斗胆谈了个人的一些看法，信口雌黄或挂一漏万之处，还请启先生和各位专家多多原谅！

又根据我个人粗浅的体会，启先生的语言文字学思想确实有他的极大特色，绝对是别树一帜、自成一家的。我想这些特色是否可以归纳为：

第一，立足于汉语，追求民族特色。

启先生所有关于语言文字的论述，都是立足于汉语，寻求汉语的特点与规律，探讨古今汉语的异同，追求汉语言文字学研究的民族特色。作为一位艺术家，他又尤其注意揭示汉语的审美情趣，包括汉语的音节美、节奏美、声律美、对偶美，汉字的形体美、书写美等等，从而增强我们对于汉语汉字的热爱，进而增强对于中华民族文化的热爱（先生常说汉语汉字从古至今，都不是仅仅为汉族所使用，而是整个中华民族的共同财富）。

当然，先生也不排斥外语的研究，他对西方"葛郎玛"是下了大功

夫的，然而不是用外语的特点来套汉语。他说过："'他山之石，可以攻玉'，在某些方法上，'借英鉴汉'，又有何不可！只是'借英鉴汉'与'以英套汉'应该有所不同。"（《汉语现象论丛·前言》）应该说，汉语学界"以英套汉""以外套汉"的简单化倾向，并未完全断根，正需要借启先生的告诫，以为我们的清凉之剂。

第二，立足于现象，不为无根游谈。

启先生研究和论述汉语言文字，总是立足于现象，就是说，从问题出发，从材料出发。他曾谦言："这些稿子，不配说什么论文，而只是一堆的问题。这些问题又多是从汉语已呈现出来的种种现象着眼的。"（《汉语现象论丛·前言》）然而我们认为对于汉语的研究（推而广之对于任何一种的语言研究）来说，这恰恰是最宝贵的、最难得的举措，因为这样就给汉语的研究提供了一个坚实的基础与平台。由此出发的研究和论述，就可以不再无的放矢，不再游谈无根。

我们还可以指出，启先生所提出的问题和现象，都是那么兴味盎然，那么发人深省。尤其是关于古代诗歌、骈文的问题，更是以往汉语研究的"软肋"。其中有音韵、韵律、构词、句法、语义、语用、认知的诸多问题。如果我们重视并且沿着启先生的考察方法与思路，继续深入探讨，那么对于汉语的特性的认识与描写，一定会有更多的创获。

第三，立足于应用，摒弃高论标榜。

我们从前引启先生的多次自述中知道，他对于语言文字学的思考与研究，是紧密结合自己的教学实际的。因此，启先生的语言文字学论述，都是那么地立足于应用，摒弃种种脱离实际、故作高深的空论、虚论，他注意古今汉语、文言白话的等值的翻译，注意中文信息处理的"电脑传译"（《汉语现象论丛·前言》），注意辞书编纂的义项归纳与排列。他介绍八股文和子弟书是因为它们至今还不无生命力。他重视比喻与用典在汉语表达中的作用，揭示汉语诗文的声律，也可以说是意在引导现代人们高水平的创作，比如他多次阐述、强调《切韵·序》中"欲广文路，自可清浊皆通；若赏知音，即须轻重有异"一语的含义，是指"韵部的清浊可以通押"，而"今天行事，处处革新"，所以诗词创作，更可不必"拘古代的韵部"（《启功人生漫笔·汉语诗歌的构成及发展》）。他对于汉字书写的种种"破除迷信"的论述，更可以作为汉语文字学的实际应用的利器。

我国语言学界目前在本体研究与应用研究的关系的处理方面，应该说还不能差强人意，以至语言文字的许多应用领域，诸如语言的规划和规范、中文信息处理的"人机界面"、推普和汉字改革、辞书编纂等等，莫不存在因本体研究滞后或游离而产生的"瓶颈"现象，极大地遏制了我国社会语文生活的健康发展，阻碍了我们向高科技信息时代前进的步伐，甚而影响到全民族文化水平和品位的进步和提高。这恐怕不必视为危言耸听吧。

正因为如此，我个人深感我们确立启功先生的语言文字学大师的地位，学习启功先生的语言文字学思想和论述，对于我国语言学界深化对汉语特点的认识，提升汉语研究和应用的水平，纯洁我们的学风和文风，都具有不可估量的价值和意义。

"大树飘零，哲人其萎"，一位位国学大师已经远离我们而去，我们恐怕面临着难以产生大师的时代；如果对启功先生这样硕果仅存的国宝级大师，对于他呕心沥血、辛勤创造的精神文化财富，哪怕有一丝一毫的忽视和怠慢，都只能造成我们在学术上的裹足不前，只能反衬出我们的迟钝与无知。

# 赏花者的审根情结<sup>①</sup>

## ——《汉语现象论丛》读后

　　将近一百年之前，江苏丹徒（今属镇江）人马建忠写成并出版了一部叫作《马氏文通》的著作。他在《例言》中说明道："此书在泰西名为葛郎玛。葛郎玛者，音原希腊，训曰字式，犹云学文之程式也。"葛郎玛是英语 grammar 的音译，如今通称"语法"。此书使中国创立了现代意义上的语法学，传统的私塾式的语文教学由此步入现代的学院式的理性殿堂；因此不胫而走，风靡一时。教师们纷纷用《文通》的体系与方法图解、分析汉语的句子，可谓达到"深入人心，沦肌浃髓"的程度。

　　但是，三十多年后，时为青年的启功先生在他的语文教学生涯中，却对《文通》的葛郎玛方式产生了深深的困惑。他发现对于中国古代普通书面语来说，有不少地方是运用这种葛郎玛"套不上、拆不开，或拆开'图解'，却恢复不了原句"，"也有些问题在葛郎玛中找不出答案，经过打听，才知那些问题是不在研讨之列或不值得研讨的"（《汉语现象论丛·前言》，5—6页）如此等等。这自然促使他加以思索和探讨，孕育了

---

① 本文写作时，《汉语现象论丛》只有香港商务印书馆 1991 年 12 月版，尚未有中华书局 1997 年 3 月新版，所以文中所用页码，原均为香港商务版；今据中华书局新版加以校改，页码均据新版。

若干与马氏葛郎玛相悖或为其所未有的大胆设想。

又是几十年过去了，启功先生已成为妇孺皆知的文化名人，他对于中华民族文化研究与涉猎的方面之广，造诣之深，可以说当代学者罕与其匹。然而，他对于汉文学语言上述问题的思考探索，却始终未曾中断过，"葛郎玛书中愈找不到答案，而自己的大胆设想也愈多起来。"（同上，6页）于是，他陆续把这些积淀多年的深刻思考与大胆设想写成文章，公之于世。这就是启功元白先生的又一部学术专著《汉语现象论丛》（以下简称《论丛》）。

启先生曾在一处讲演中说过："伟大的中华民族文化，我认为好比一朵花，花蒂、花蕊、花瓣等，都是它的重要组成部分。"（《金石书画漫谈》，载《中国古代文化史讲座》，中央广播电视大学出版社 1984 年 10 月版）如从这个比喻做引申，则文学艺术包括金石书画等等，好比花蕊、花瓣之类，而语言文字等似应属于花株的根的部分。因此启先生不但是作为艺术家的赏花者，而且具有科学家的审根意识和技能。一部《论丛》，就是他郁积多年的审根情结的抒发。

《论丛》的篇幅并不算大，全书字数只在十八万上下，内容却涉及汉语词、句特点，古代诗歌、骈文的语法，比喻与用典，工具书编写，诗文声律，乃至对八股文、新诗、子弟书的评骘等，其分量之重，借用作者的好友张中行先生的常用话来说，就是："令人扛不动"。笔者学识谫陋，谈点儿心得，不过尝鼎一脔，以管窥天而已。

读书取其有间，就先从"葛郎玛"的得失谈起，因为这也正是《论丛》的作者论证汉语现象及其规律的楔入点。这里说的葛郎玛，也同《论丛》一样，是"《马氏文通》学说及其流派"或"借鉴英语语法研究汉语语法的学说及其流派"等等说法的简称或代称。但要全面论其得失，则兹事体大，绝非一篇寻常文章所能做到，只好将它作为偏义复词，仅指其有关"失"的一二方面。

其一，是过分高看了葛郎玛对于学习语言的作用。马建忠曾说："余观泰西童子入学，循序而进，未及志学之年，而观书为文无不明习，……则以西文有一定之规矩，学者可循序渐进而知所止境。"此规矩者，即为葛郎玛。如果创建中国的葛郎玛，而后"童蒙入塾能循是而学文焉，其成就之速必无逊于西人。"（《马氏文通·后序》）这种用意当然不错，所以他把自己的著作命名为："文通"，意思是学好葛郎玛即可"通文"。

但是事实并非如此简单，仅仅学习葛郎玛，并不足以通文，亦即学好语言，无论其为口头的，抑或书面的。依照现代语言学的一种说法，语言是用以表达与交流信息的，它是人类交际的最主要的手段。信息的载体是各种符号（sign），其中最主要的即为语言符号。为了有效而准确地传达信息——语言符号，必须解决三个方面的问题：一是符号与符号所指的事物之间的关系，二是不同的符号彼此之间的关系，三是人怎样运用某种语言的符号去进行交际。

语言学家将这三个方面的研讨，分别命名为语义学、语法学、语用学。语言的表达与理解，必须做到语义、语法、语用的有机结合，三分鼎立，缺一不可。葛郎玛只相当于其中的第二项，焉能一柱擎天，一统语言的天下呢？

谓予不信，而语言现象确是如此。

语义方面，《论丛》举有《诗经·小雅·常棣》中的一个例子："兄弟阋于墙，外御其务，每有良朋，烝也无戎。"指出：

"御"同"禦"字，有抵挡、对抗、劫夺等义，也就具有了强暴、敌人等义，这里分明是以虚当实，劝告人家兄弟不要闹矛盾，兄弟如在墙内打架，外边的强暴敌人即将聚拢来了。自从《国语·周语》把"务"改成"侮"，更从良好的愿望出发，说兄弟虽在家打架，但还能共抗外侮，由劝告变成了说明。当然说教的人可以随便去说，但探讨语言的实际精神，就迁就不了说教的意图了。（正文，30页，下同）

所谓"以虚当实"也者，就是词类的转换。传统以名词用法为实，以动词用法为虚，此处盖借用这种说法。"御"在古代文献中多做动词用，但也未始不可做名词用。即如《诗经·大雅·荡》的"曾是强御"，朱熹就说："强御，暴虐之臣也。"（《诗集传》）又如《逸周书·世俘解》的"禽（擒）御八百"、《抱朴子·行品》的"胆劲心方，不畏强御"等，都是如此。由于东汉郑玄将"御"解作"禁"，动词用法，则不得不将"务"解作"侮"，名词用法。后世训诂学家每言"务，通'侮'"，所举大抵仅有此一孤证，实乃"易字作训"，为训诂法则之所忌。如若依照《论丛》的说法，则"御"不过"以虚当实"，为词义的自然引申；而"务"当为许慎之所谓"趣也"（《说文解字·力部》），段玉裁注："趣者，疾走也。务者，言其促疾于事也。"即是"迅疾聚拢于事"的意思。事者，有所图也。如此训解，则文从字顺，更重要的是不烦改字，符合传统训诂的规则和语言的实际，而非迁就后世解经者的说教意图。

再以葛郎玛的术语来说，如将"御"字"讲成纯虚字"，就是所谓"语词"（动词谓语）；而如《论丛》所云，则当为"起词"（名词主语）。

语义之影响葛郎玛者，举一隅而可反三隅矣。

语用即语言的运用，主要关涉到语言的使用场合即语言环境，习称语境；同一词语（符号）语境不同，则理解上可产生巨大歧异。《论丛》中此类例子甚多，如：

> 从前梁武帝正在和人下棋，同时又要见一个和尚。及至侍臣把和尚领到时，梁武帝正下一个棋子，口里说"杀却"。侍臣听了，就把和尚拉出去杀却。梁武帝发觉时，那和尚被杀完了。（57 页）

> 又如《论语·颜渊》中的一段："齐景公问政于孔子，孔子对曰：'君君，臣臣，父父，子子。'"

> 这四个叠字短句究竟是"君样的君，臣样的臣"呢，还是"君够君样，臣够臣样"呢？也就是"虚实虚实"呢，还是"实虚实虚"呢，其实也不难解决，且看下文："公曰：'善哉！信如君不君，臣不臣，父不父，子不子，虽有粟，吾得而食诸！'"可见前边是先实后虚的。语言环境可以解决词的不明确处，如此。（66 页）

"杀却"是不同的语义指向被听者误解，"君君臣臣"是由下文的议论来得以论释。这些语境因素，一般认为与葛郎玛无关，当然更非葛郎玛所能解决。

其二，马建忠在他的《文通》里，对"华文所独"（如立助字一类）虽然不无注意，但在他的思想深处，则存在一种"普世语法"的观念（参见许国璋《马氏文通及其语言哲学》，载《中国语文》1991 年第 3 期）。在《文通》的《后序》中他说：

　　常探讨画革旁行诸国语言之源流，若希腊，若拉丁之文词而属
比之，见其字别种而句司字，所以声其心而形其意者，皆有一定不
易之律，而因以律吾经籍子史诸书，其大纲盖无不同。

所以他认为葛郎玛即为此"一定不易之律"，亦犹"学文之程式"，
"如能自始至终，循序渐进，将逐条详加体味，不惟执笔学中国古文词即
有左宜右有之妙，其于学泰西古今之一切文字，以视自来学西文者，盖
事半功倍矣。"（《马氏文通·例言》）

作为《论丛》的作者，启先生并非一味挑剔葛郎玛而与马建忠较劲，
他说，对于学生"在日常写语体散文，也就是一般报纸上的文体，或学
生作文本上的文风中"，如有"只知其然而不知其所以然"的情况，"我
拿出'语法'上的名词、动词、主语、宾语等等说法来一解释，他也明
白了，我也提高了，于是我相信，'语法'是确有用处的。"（2 页）

但是，普世语法的窠臼毕竟不能见容于汉语的实际：

　　再后教起古代文章和诗词作品，问题就来了。句式真是五花八
门，没有主语的，没有谓语的，没有宾语的，可谓触目惊心。……
我努力翻检一些有关讲古代汉语语法修辞的书，得知没有的部分叫
作"省略"，但使我困惑不解的是为什么那么多省略之后的那些老
虎，还那么欢蹦乱跳地活着？（2—3 页）

此后列举的古代诗歌和骈体文语法修辞（如对偶、声调、典故等）
的一大堆问题，应该说都是有关"汉语尤其古代汉语的特定规律"。

这些规律，有些是马建忠认为非葛郎玛所应光顾的，如"惟排偶声

律者，等之'自郐以下'耳。"(《例言》)但是，要全面理解汉语，怎么可以排除这些因素呢？排偶、声律等，也正是"华文所独"，《论丛》的作者在这些方面大为致力，如《说八股》《诗文声律论稿》，都是曾以单行本刊行的。要扛起来，也决不省力而已。

很奇怪的是，马建忠自述其"取四书、三传、史、汉、韩文为历代文词升降之宗，兼及诸子、语、策，为之字栉句比，繁称博引"云云（《前序》），可见他所择取的语料正是那些"古代文章"，何以还遗留下那么多问题而招致《论丛》作者的困惑不解？

看来正是由于他的普世语法观，以西文的"一定不易之律"而"律吾经籍子史诸书"，结论是"其大纲盖无不同"，实际上则是多数"听话的"例子被"律"住了，而少数（但绝对数也不为少）"不听话的"例子被回避了。

对于普世语法观，我们不妨借用已故的语言学界泰斗王力先生的分析：第一，"各种具体语言，作为人类的交际工具，当然有着共同性，因此世界上各种语言的语法也是具有共同性的。"然而更重要的是，第二，"就一种具体语言的语法来说，世界语言的共同性是次要的，而特点是主要的。没有这种特点，就会丧失其为独立语言的资格，和另一语言同化了。"（《语法的民族特点和时代特点》，载《龙虫并雕斋文集》第2卷，中华书局1980年1月版）

明乎此，所以《论丛》的作者致力于汉语特点的挖掘和探讨，可以说完全是从汉语的实际现象出发，诸如"古代汉语和现代汉语的共通点""汉语的词的一些特点""汉语中的一些现象和特点"（3—13页），都是自出机杼的积年创见，而且是高度浓缩的，"每一个论点都还有进一步探索和阐发的余地。"（23页）这些论点，无一不可对某些语言学家摆脱普世语法观的束囿，起着卓有成效的实际启发和帮助。

20 世纪初叶，瑞士语言学家索绪尔（F. de Saussure，1857—1913）的两个学生 C. 巴利和 A. 塞什艾，远绍两千多年前中国孔子的学生的榜样，根据听课笔记和遗留的手稿，整理出版了乃师的一部著作，题为《普通语言学教程》（有高名凯中译本，商务印书馆 1980 年 11 月出版）。

索绪尔在这部书中指出了语言符号的一个重要特征：它在被人们运用的过程中（不论其为口头或书面），其排列的次序是呈线条状的。这就是语言符号的线性特征。说通俗一点就是：话只能一词一句地说，不能几句话同时说。

语言的线性是由时间的线性决定的，因此，它适用于一切语言。也就是说，语言的线性规律倒真是具有普世性的。

但是，如果我们要问：在线性特征的前提下，各种语言之间还有什么区别，尤其是，如何从这个角度找出汉语区别于其他语言的主要特点？

《论丛》在讨论汉语的词与词的关系时，借用一位友人的说法，认为："总是上管下"（31 页），后又改为更恰当的说法："上罩下"和"下承上"（65 页），确实令人"顿时开窍"。例如对韩愈《进学解》"国子先生晨入太学，招诸生，立馆下，诲之曰……"的分析：

这首句，国子们的先生，这先生在早晨进入，进入的是大学。词词上管下，每句中各词上管下的关系都很明显。（32 页）

了解汉语的人们恐怕都得承认：汉语基本没有或极少形态上的变化，所以语序（词序）乃是汉语主要的语法手段。故而"蜜蜂"与"蜂蜜"

为二物，"屡战屡败"与"屡败屡战"大有讲究（34 页）。当然也有所谓"倒装句"，那其实多半是由于修辞的需要，对常式表达下的事物加以不寻常的强调而已。

所以这条关于汉语语义的表达"总是上管下"的规律，对于普世式的语言线性规律而言，应是一种值得探讨的思路。比如对于多数不乏形态变化的语言来说，只要词语的内部形态（性、数、格、时等）关系一致，语序即可较为自由，并不必囿于"上管下"。像英语、俄语等皆是如此。我们一衣带水的邻邦日本，其语言乃属黏着语，句子中的动词都放在句尾，时常成为"下管上"。而汉语的"上管下"现象，确与上述外语有别。

汉语的线性，是一种讲究顺畅的线性。一个较完整的意思，往往以话题开始（头），然后展开，贯往而下（腰），最后有个归结收束（尾）。所以一头一尾各为一截，中间（腰）如简单则为一截，若长些则可分为两截，共四截：

> 总看这四截，很有趣，常常第一截是"起"；第二截接住上句，或发挥，或补充，即具"承"的作用；第三截转下，或反问，或另提问题，即具"转"的作用；第四截收束，或作出答案，或给上边作出结论，即具"合"的作用。这种四截的，可称之为"起承转合"。（45 页）

最简单而典型的例子，有如《论语·学而》上的：

（起）有子曰:（承）其为人也孝弟,（转）而好犯上者,（合）鲜

矣。（47 页）

当然也可各截回环往复，或者每一截中又可套以若干小截，名曰"上中下"或"开合"等，层次井然而且分明。原文选例很多，此不具引。

甚至由外文翻译来的文章，也是如此，只要是"按汉语规格说出的话"，如由梵文译来的《心经》：

（起）观自在菩萨，（承）行深般若波罗蜜多时。

（转）照见五蕴皆空，（合）度一切苦厄。（49 页）

这种对汉语语句关系规律的揭秘，与启功先生论汉字结构美符合 0.618 的黄金分割律一样，可以说都是"得似容易却艰辛"的不刊之论。

《论丛》50 页还引用《光明日报》一段新闻为例，说明现代汉语的语句之间也存在这种层次关系。这里笔者仿照此法，分析一段现代大手笔的文章，是汪曾祺先生对他的《短篇小说选》所作《自序》的第一段（见《晚翠文谈》，浙江文艺出版社 1988 年 3 月版）

（起）——┌（上）近年来有人称我为老作家了。
　　　　└（下）这对我是新鲜事。

（承）——┌（开）老则老矣，已经是六十一岁。
　　　　└（合）说是作家，则还很不够。

（转）我多年来不觉得我是个作家。

（合）我写得太少了。

不知这依样葫芦画得可像否?

《马氏文通》的最末一章论"句读"时,曾提及段落之中具有"起句""结句",但只是用"迄无定则"四个字带过。后来几十年中,讲汉语语法的,大抵只从字(词)讲到句子(单句、复句)为止,至于句子之间的关系,则被认为是修辞或写作的问题,非葛郎玛所应问津。近些年来,才有人给句子之上的单位起了个名字叫"句群",或曰"语段",逐渐重视,加以语法学角度的研究,更有个堂皇名称叫作"篇章语言学"。《论丛》的探索,给这方面的语言学研究提供了可贵的启迪和借鉴,值得引起语言学工作者的重视。

如此说来,我们平时说话写文章,岂不都成了"八股"?真真令人谈虎色变!

《论丛》正收有一篇专文,名曰《说八股》。这是一篇经过长期历史的反思,对八股文进行平心静气的解剖与分析的文章。书末的《内容简介》中道:"因作者属个中高手,故此深刻生动",不知是否得蒙作者首肯。

文章的《引言》中指出:"其实'八股'是一种文章形式的名称,它本身并无善恶之可言。只是被明清统治者曾用它来做约束士子思想的工具,同时他们又在这种文章形式中加上些个烦琐而苛刻的要求。由积弊而引起的谴谪,不但这种文体不负责,还可以说它是这种文体本身被人加上的冤案。"(103—104页)

在笔者这一代(也许不止于一代)人的思想里,"八股"之所以成为极大的"谴谪"乃至"恶谪",可能是由于莫不曾认真学习过毛泽东的名文《反对党八股》的缘故。我们都还记得毛泽东"仿照八股文章的笔法",为党八股所列的罪状依次为:1.空话连篇,言之无物;2.装腔作势,借以吓人；3. 无的放矢，不看对象；4. 语言无味，像个瘪三；5. 甲乙丙丁，开中药铺；6. 不负责任，到处害人；7. 流毒全党，妨害革命；8. 传播出去，祸国殃民。然而仔细分析这八条，都是从内容、态度及其后果等角度着眼的，只有第 5 条批判了形式，但是也仍然强调内容方面：

> 一篇文章充满了这些符号，不提出问题，不分析问题，不解决问题，不表示赞成什么，反对什么，说来说去还是一个中药铺，没有什么真切的内容。我不是说甲乙丙丁等字不能用，而是说那种对待问题的方法不对。(《毛泽东选集》第三卷，人民出版社 1991 年 6 月第 2 版，838 页)

可见党八股的说法，其实只是一种借用，与八股文的本义及其形式并无直接关联。相反地，毛泽东在有些地方则用八股文做过正面的比喻，如：

> 干了十年的革命战争，对于别的国家也许是值得惊奇的，对于我们却好似八股文章还只作了破题、承题和起讲，许多热闹文章都还在后面。(《毛泽东选集》第一卷，234 页)

注释者说："毛泽东同志这里是说写作八股文由一部分到另一部分的展开过程，用以比喻革命发展的各种阶段。"可见八股文的展开过程，确有其内在规律。不管怎么说，毛泽东的这段比喻对八股文的态度，大概可谓不愠不火吧。

其实，客观世界，芸芸万物，总是因果相随，有开端，有过程，有结束（相对的）。那么，说话写文章反映这些关系或过程，岂不自然符合"起承转合"了吗？问题在于内容自应不拘一格，表达的形式更可多样；股而必须为八，又只能"代圣贤立言"，从内容到形式都僵化不堪，成为"畸形老鼠"，再用以考试天下士子，"犹如勒令天下人以畸形老鼠为主要的食品肉类而已。"

因此，即便是对于八股文这样的"畸形老鼠"，也不妨将它串在语言符号的线性链条上，用汉语表达的"上管下"规律加以客观、冷静的审视与解剖，结果可能是并非胡越而未必不可为一家。

最后顺便记一件与《马氏文通》有关的事，见于《马相伯先生年谱》一书。此书编者为张若谷，商务印书馆1939年出版，现收入上海书店刊行的《民国丛书》第二编。马相伯乃马建忠之兄，晚清历史中的著名人物。《年谱》在光绪二十四年戊戌（1898）的七月项下，引有刘成禺《相老人九十八年闻见口授录》中的一段话（标点仍旧）：

> 先生常言，予作文通，人目为中国文法书。予弟建忠有言曰，中国文法，尽在五七言律诗，九种字类，丝毫不乱，如鸿雁不堪愁里听，云山况是客中过，鸿雁云山，为名物字，不堪况是，为况谓字，愁客，为名物字，里中，为定位字，听过，为活动字之类，更为简要。成禺请益曰：中国骈体文对映，皆文法井然，先生曰是。

由此可知，马建忠并不见得绝对排斥对于律诗排偶之类的语法分析，且还曾经另有一套据以分析的词类术语系统。只是这些在《马氏文通》的成书中确实未有反映而已，也许正如《年谱》同项下又引马相伯的说法："《文通》原稿经我删去了三分之二有奇""所发表的只是十分之二"。

　　至于先前曾有学者根据马相伯的上述言论而褫夺马建忠对于《马氏文通》一书的著作权,那是一桩学术公案,不在本文评述之内了。

［刊于《汉语现象问题讨论论文集》(文物出版社1996年7月版)及《北京师范大学学报》1996年第4期]

# 启功先生和古代汉语教学

## ——《汉语现象论丛》再读

　　20 世纪 50 年代的一位学生曾经这样回忆启功先生的古典文学作品教学：

　　"噫吁嚱，危乎高哉，蜀道之难难于上青天！"这是启功（元白）师在朗诵李白的《蜀道难》诗中的起始句。1954 年，他为我们开设《中国古典文学作品选》这门课。在讲授李白作品时，特别富于浪漫主义激情，对此诗起句之不同凡响、之覆盖全篇、之情绪高亢、之难字当头，剖析得精细入微，把学生思维之积极性、注意力之集中性推到最高点。（《怀念启功（元白）师》，见《王明居文集》第六卷，文化艺术出版社 2015 年 8 月版）

　　读者于此不难想见启功先生教学时的卓越风采。

　　启功先生曾有自述："我从二十一岁开始教中学语文，……后来我一直教书，所教的仍是语文方面的课程，有时教些美其名曰'古典文学作品选'的课，其性质和目的，仍是使学生了解这些作品内容，首先是扫开语言文字上的障碍。"（《汉语现象论丛》5—6 页，以下简称《论丛》），可见启先生毕生的主要本职工作，就是古代汉语教学。

重读《论丛》，进一步了解启功先生如何对待和进行古代汉语教学，从而对我们当下的中文教学有所启迪。

启先生的古代汉语教学，初步归纳有如下几点特色：

第一，深刻了解并准确归纳作为母语的汉语特点。例如：古代汉语和现代汉语具有共同点（3—7页），汉语词的特点（一字一音、一个词只用一字或两字、词义复杂并可复合变化、虚词无定性确解等，8—10页），汉语语句构造的特点（以偏代全以少代多、主谓宾成分体现在语境中、少有真正的倒装句句型和字数伸缩自如、句子排列具有规律等，9—12页）。此外，古汉语中经常运用典故（12—13页），修辞、语法密不可分（13—18页），声调、声律是从民间自然产生的（19—22页），诗歌、韵文的形象性更重于逻辑性（23页）等等。结论是："汉语尤其是古代汉语有它的特定规律"（3页）。这些对于汉语的认知与概括，都是非常准确和精辟的，这是启先生进行古代汉语教学的学术基础。

第二，重视古代诗歌、韵文等的教学。这是古代汉语中很重要的一种组成部分，但是研究与描述古代汉语的《马氏文通》，却摒弃如敝屣，《马氏文通》说："唯排偶声律者，等之'自郐以下'耳。"（《马氏文通校注·例言》，中华书局1954年10月版）启先生却感受到："再后教起古代文章和诗词作品，问题就来了。句式真是五花八门，没有主语的，没有谓语的，没有宾语的，可谓触目惊心。"（2页）通过悉心的观察与研究，启先生认为："古典诗歌、骈文的句式构造，联式排列，音调抑扬，词汇伸缩颠倒，句法繁简长短，主、动、宾语的具备或省略……等等，都不太难摸着一些来龙去脉。大致说来，诗歌、骈文的语言形式比口语程式化一些，但制作时，容易多加考虑修辞，细致安排章法……成了几种美术的文学形式。"（6—7页）还有一点也很重要，就是启先生发现："有些诗歌、骈文的句、段、篇中的修辞作用占绝大的比重，甚至可以说这些部分的修辞即是它们的语法。"（18页）此外，启先生还郑重提醒我们："研究古代汉语，尤其是诗歌、骈文的语言规律，须从两个方面注意：一是形象性，也可说形象思维的；二是逻辑性，也可说逻辑思维的。在古代的诗歌、骈文的语言特点中，形象性更重于逻辑性。"（23页）这些都可以认为是启先生对于古代汉语研究的一得之秘，也是他据此能教好古代汉语，深受学生欢迎的根本原因。

第三，对于古代汉语教学中遇到的种种现象和问题，强调首先教师自己要弄懂。启先生说："要使人明白，必先要自己明白。我的经验是，凡我向人说不明白处，一定是自己还未明白。"（《前言》6页）为了要弄明白，就必须下深入观察、研究的功夫。例如，为了厘清古代诗文的格律（句调旋律），他曾从句式、篇式方面做过解剖和归纳，发现了四言、五言、六言、七言这些基本句式的律调与非律调的区别所在及样式若干，同时证明了这种律调是通用于骈文、词、曲的，因而撰写了一部脍炙人口的重要成果——《诗文声律论稿》。

第四，在教学方法论方面，提倡"由繁到简，由深到浅"。启先生在教学实践中，深切体会到："在顷刻之间，用语言传达一种立时能够使人了然的信号，却非易事。"（25—26页）其间有一个教学方法的问题。启先生说："我在讲解、注释工作中，所常考虑的，便是如何由繁到简、由深到浅的问题。"（26页）这就是先生所持的教学方法。对于古代汉语教学，就主要需解决、或者说是要让学生明白三个方面的问题，一是对一个词的理解，包括一词多义、多词同义等，先生归纳为"词是一种多面功能的零件"（9页）；二是一个句的组成，归纳为"简短为主，伸缩自

如"（11页）；三是句与句之间都有怎样的关系，主要用了两句话，一是
"总是上管下"（31页）或者说是"上罩下""下承上"（65页），二是"起
承转合"（45页）。这三个方面的问题，可以说是古代汉语教学的核心问
题，要是展开来谈，每个方面都可以做出一篇大文章。《汉语现象论丛》
也分别做了专门论述，给予读者，尤其是古代汉语教学同行莫大的借鉴
和启迪，同时，这些扼要的归纳和表述，正可以说是"由繁到简、由深
到浅"的一个范例。

对于古代汉语文言词汇工具书的编纂，启先生也有"义项简化"的
主张，例如"书"，一般工具书归纳的义项多达9个，先生认为除姓氏义
以外，大可只要归纳为两个："一是'用笔写'的行动；二是'写出来'
的东西。"（39页）这样，无论是教师教学还是学生理解，都可达到事半
功倍的效果。记得先生对于语言所编纂的《现代汉语词典》，也有类似的
批评："'是'字分列三个字头，一共16个义项，不是有些太繁琐了吗？"
当然，对于词典辞书义项的设立，历来就有从"粗"（重在"概括"）、从
"细"（重在"析分"）的不同处理和争议，见仁见智，所在多有，但是启
先生"以简御繁"的主张，无论如何是值得我们重视的。

# 给启功先生增加语言学家定位的意义

　　众所周知，启功先生是著名书法家、画家、古典文献学家、历史学家、红学家、教育家……头衔之多，举世罕匹，而且在这些头衔涉及的领域中，他是确确实实都下了绝大功夫，卓有建树。这些，不仅相关学界公认，全社会几乎各行各业的民众也都熟悉，真正是"家喻户晓，妇孺皆知"的。

　　但是，只有一个头衔，知道的人比较少，而且一直缺乏应有的重视，这就是——语言文字学家，或者径称"语言学家"。

　　之所以说启先生是语言学家，当然首先和主要的是他有着饶具分量的语言文字学著作，其代表作是《古代字体论稿》《诗文声律论稿》《汉语现象论丛》。这些著作的主要内容以及对于学科建设和发展的贡献，我们已在有关文章中做了专门介绍，不再重复。

　　需要强调的是，启功先生本人是比较在意"语言学家"这个头衔的，根据笔者跟启先生的接触与了解，他在语言文字学方面确实投入很大精力，对自己这方面的成果也是非常重视的。他曾自叙从年轻时就"一直教书，所教的仍是语文方面的课程"（《汉语现象论丛·前言》），讲授古典文学、古代汉语，"首先是扫开语言文字上的障碍"（同上），一直考察与思考汉语与外语、古代汉语与现代汉语的联系与区别，同时不断写文章、出成果。他于五十岁时出了第一部专著《古代字体论稿》，"文化大革命"中，仍然不中断《诗文声律论稿》的研究和写作，而对于《汉语现象论丛》，则一直写到上世纪 90 年代年过八旬，可以说是"无尽无休"。自从 90 年代初在香港出版了论文集《汉语现象论丛》之后，他每次见到笔者，都要问询语言学界的反应，"对我的胡说八道有什么意见呀？"为此还专门给笔者打过电话，交流想法。笔者告以"港版见者少，宜于内地再出简体字本。"他极以为然，于是专门来函相托，嘱觅京地出版社，后来由中华书局出了内地版。

从学术渊源的逻辑而言，启先生认为自己是承继了中国语言文字学即"小学"的传统。这个"小学"，原本附丽于"经学"（所谓"十三经"），后来独立并发展为"文字学""训诂学""音韵学"三个分支。

2002 年，九十岁高龄的启先生讲学扬州，曾经到清代经学家汪中墓前拜谒，"在墓前恭恭敬敬地鞠了三个躬。陪同朋友问他为什么这么恭敬？他说这是祖师爷，我们所学东西的祖师爷。"（《启功年谱》，北京师范大学出版社 2013 年 1 月版，342 页）。我们通过启先生极为推崇的汪中代表作《述学》，可以认识到汪中起码是一位杰出的经学家、训诂学家，启先生说他是"我们所学东西的祖师爷"，可见先生认为自己的学问是从传统小学下来的，易言之，说他的学术渊源是传统小学，是一点儿不错的。近代著名语言学家黄侃曾为汪中作《弔汪容甫文》，说他"以奇才博学，妙解辞条，情韵相宣，质文不掩，若云隐秀，罕见其侪。"（《黄季刚诗文钞》，见李金松《述学校牋》，中华书局 2014 年 7 月版，下册 918 页）这又将启先生的学术，与"章黄学派"联系到一块儿了。

其实，在中国传统的知识界即"读书人"中，占主流的认知和价值观，就是认为小学最为重要，最有价值。清末洋务派领袖人物张之洞有脍炙人口的下面这段话：

> 由小学入经学者，其经学可信；由经学入史学者，其史学可信；由经学、史学入理学者，其理学可信。以理学、经学、史学兼词章者，其词章有用；以经学、史学兼经济者，其经济成就远大。

所以，历史上有许多人士，不论其所居的地位多么崇高，建立的功业多么宏大，都是十分重视在传统经学、小学方面做出贡献，以为身后不朽之名的。

谓予不信，不妨举例说明：

邓廷桢（1775—1846），嘉庆六年（1801）进士，道光六年（1826）官陕西巡抚，十五年（1835）任两广总督，十九年（1839）调任闽浙总督。可以说是一位能亲督水师击退英国侵略军的"武将"，但是他同时精通古音，所著《诗双声叠韵谱》，识断精严。又著《双研斋笔记》，多有独到处，另有《说文双声叠韵谱》，均传于世。

就说这位鼎鼎大名的张之洞，他曾累官至体仁阁大学士、授军机大臣，是晚清宰相一级的高级官员，同时史称他"自幼熟读经史，研精小学"，著有《广雅碎金》四卷、《輶轩语》二卷，《书目答问》四卷、《劝学内篇》一卷、《劝学外篇》一卷、《读经札记》二卷，均传于世。所以在小学领域，也可称为专门家了。

再举唐代两位耳熟能详的书法家的例子——

颜真卿，著名学者颜师古（《匡谬正俗》作者）五代孙，不仅书法成就高，是"颜体"创造者及"天下第二行书"——《祭侄稿》的作者，曾书写其伯父颜元孙的名著《干禄字书》。他平日喜欢与一些学者讨论古今韵字，并撰有《韵海镜源》三百六十卷，成为后世有关诗韵的常用类书如《韵府群玉》等的本源。

李邕，其父李善是《昭明文选》的最著名、也是最佳的注家。他本人以书法见长，以行楷写碑，冠绝当代，名重一时。他也曾补益其父《文选注》，并自著有《唐韵要略》一卷，也可以说是一位音韵学家了。

可见，卓有政绩、学有专长而同时注重传统小学即语言文字学研究并有所著述者，从古至今，在我国可谓"代不乏人"。启功先生也是其中一位佼佼者。从这个角度着眼，我们给启功先生加上"语言文字学家"的定位，不仅名副其实，毫不唐突，而且是非常符合启先生夙愿的。

启先生在意并且重视学术界对他语言文字学方面成果的意见和评价，《启功年谱》中起码有四次记载北师大举办有关启功先生语言文字学成果学术研讨会：1995 年 7 月 17 日，北京师范大学举办"启功语言文字学学术研讨会"，同年 11 月 18 日，北师大中文系举行"《汉语现象论丛》学术研讨会"，1999 年 10 月 23 日，"启功先生学术思想研讨会"在北师大英东学术会堂举行，2000 年 11 月 9 日，"《古代字体论稿》暨字体问题学术研讨会"在铁道部干校礼堂举行。除了第三次以外，都明确提到"先生出席研讨会并讲话"，足以充分说明这一点。

二　书法学

# 透过笔锋看人生

## ——启功先生谈书法的人生意义

一

"琴棋书画"向来是中国传统知识分子的必要修养和趣味所在。但其中的琴、棋、画三项，要求从事者具有一定的艺术才能和特质，并非人人擅长；但是人人可以书写汉字，而基于汉字书写的书法，是封建时代科举考试中必备的基本条件，所以受到普遍重视，几乎是每个读书人的"童子功"，从小就临池习帖，花费不少时间和精力。

然而，早在中国先秦时期就流传有一段名言："太上有立德，其次有立功，其次有立言。虽久不废，此之谓不朽。"（《左传·襄公二十四年》）千百年来，"立德、立功、立言"成为传统士大夫最为看重的人生最高价值目标。书法毕竟不能列为其中的任何一项，不是最紧要的处世治学之道，所以难免有人视其为生活中较为次要的余事。

清代著名诗人龚自珍（定庵）曾经描绘过自己的这种心态——

夫明窗净几，笔砚精良，专以临帖为事，天下之闲人也。吾难得此暇日。偶遇此日，甫三四行，自觉胸中有不忍负此一日之意，遂辍弗为，更寻他务，虽极琐碎，亦苦心耗神而后已，卒之相去几何？真天下之劳人，天下之薄福人也。（《龚自珍全集·语录》，中华书局上海编辑所 1959 年 12 月版）

一般人认为有闲暇、有条件好好练习书法的时候，他却觉得不忍心为此辜负时日，应该做点儿更有意义的事情；为此他调侃自己是个"劳碌命，薄福人"。

明末大思想家黄道周（石斋）则说：

作书是学问中第七八乘事，幸勿以此留心。王逸少品格在茂弘、安石之间，为雅好临池，声实俱掩。余素不喜此业，只谓钓弋余能，少贱所赅，投壶骑射，反非所宜。若使心手余闲，不妨旁及。（《墨池偶谈》，又名《书品论》，见《黄道周集》卷十四，中华书局 2017 年 7 月版）

他认为书法在各种学问中的重要程度只能列于第七八等，千万不要在这方面用心。举例来说，与其父王羲之并列"二王"的王献之，人品材质与当时名臣王导、谢安不相上下，只因喜好书法，淹没了他的声名。而自己不过是由于不适合诸如投壶骑射之类的剧烈运动，才旁及此道罢了。其实黄道周的书法水平，在晚明允称大家，是举世公认的。世论黄道周的书法"严冷方刚，不偕流俗"，与王铎、倪元璐、张瑞图并称"明末四大家"。他对于书法之道，实在也是下了绝大功夫的。正如启功先生评论他这段话所言：

"作书是学问中第七八乘事，幸勿以此留心"，乃勉励后诣之言，指明"德成而上，艺成而下"之理耳。详读全卷，知公于此道，兴殊不浅，结习难忘，贤者不免也。（见《启功书法丛论·黄石斋〈墨池偶谈〉卷》）

启先生认为他这段话是针对年轻后学而言，因为书法之类，不过是"艺"，与人生应该有志于"立德"相比，自然不可同日而语，相提并论。但他自己却于书道意趣盎然，《墨池偶谈》的全卷，基本上全是讨论有关书法及各种碑帖的事，所以说他"结习难忘"，是不难理解的。

龚自珍虽不以书名世，但于此也是不无造诣的。笔者曾获观辽宁博物馆所藏"龚自珍行楷手卷"，其书写是中规中矩，有板有眼的，书卷气十足，亦可谓在一般水准之上。

二

已故的启功先生作为公认的当代书坛泰斗，他是如何看待上述这类说法的呢？也就是说，启先生认为书法在人生中的意义何在，位置应是如何？本文拟以《启功书法丛论》中的有关论述，对此略加探讨。

首先，启先生反对把书法与现代科举功名结合起来。有不少人将书法视为人生的"进身之阶"，怀抱功利之心，并以此教育下一代。启先生指出：

有许多家长对孩子提出不切实际的要求。孩子怎么有出息，怎么叫他们将来成为社会有用的人才不去多考虑，不让小孩去学德、智、体、美，很多应该打基础的东西。他让小孩子干吗呢？许多家长让孩子写字。……让孩子写字并没有错处。但是要孩子写出来与某某科的翰林、某个文人写的字一个样，我觉得这个距离就差得比较远了。……书法被无限地抬到了非常高的档次，这个也不太适宜。……

封建士大夫把书法的地位抬高，拿来对别的艺术贬低，或者轻视，说书法是最高的艺术。……我觉得首先说这句话的人，他这个想法就有问题。孔子说："如有周公之才之美，使骄且吝，其余不足观也矣。"说是像周公那样高明的圣人，假如他做人方面、思想方面又骄傲又吝啬，这样其余再有什么本事也不足观了。如果说一个书法家，自称我的书法是最高的艺术，我觉得这样对他自己并没有什么抬高的作用，而使人觉得这个人太浅了。(《破除迷信——和学习书法的青年朋友谈心》)

启先生以汉字书法作为人生重要的事业之一，但并不将之无限抬高，视为人生的唯一，更不是现代社会的唯一。对于孩子的教育，应该注重全面发展，不能只学书法，不顾其他。即便学写字，也不能有不切实际的要求。这正是启先生的思想宽豁通达之处，非常人所及也。

其次，启先生绝非不重视写字，看轻书法一道。他认为书法与生活密切相关——

生活中的各个地方，没有与书法无关的，没有用不上书法的。也可以说，书法已经出现在任何地方，也发挥着极大的效用。……书法活动既可以锻炼艺术情操，又可以调心养气，收到健身的效果。总而言之，今天看到书法有这样广大的爱好者，原因很简单，就是它和人们生活的关系十分密切。这种密切的关系又非常长久。……书法被人作为人格、形象的代表，自古以来就是这样。(《金石书画漫谈》)

他牢记恩师陈垣（援庵）先生的教导，培养与提高自己作为文史教育工作者的素质。在《书艺承闻录》中，他回忆道：

> 陈老师对于做文史教育工作的后学，要求常常既广且严。他常说做文史工作必须懂诗文，懂金石，否则怎能广泛运用各方面的史料。……还常说，字写不好，学问再大，也不免减色。一个教师板书写得难看，学生先看不起。

这段话，原已写入《夫子循循然善诱人》一文，此处加以重申，可见启先生的重视程度。

不仅如此，在启先生看来，书法应该可以作为人生的一个重要组成部分。在上引黄道周的《墨池偶谈》那段话之后，他加有按语道：

> 至于作书之事，今在老夫手中，饮食之外，重于男女。起居与共，实已无乘可分。盖潜神对弈，必求敌手；乐志垂纶，总需水次。作书则病能画被，狂可书空，旧叶漆盆，富同恒产。且坐书可以养气，立书可以健身。余初好绘画，今只好书，以绘画尚需丹青，作书有手便得。偶遇笔砚精良，不啻分外之获。简则易足，无欲而刚。书之时义大矣哉，何只七八乘事！(《黄石斋〈墨池偶谈〉卷》)

这段话对于了解启先生的精神世界、人生价值取向是太重要了！原来在启先生看来，所谓"饮食男女"，饮食为维持生存所必需，当然无可舍弃；而"男女"之道对他来说，则实在不如书法在人生中的地位。这也就是他在相濡以沫的老妻去世以后，谢绝多少盈门的说客，毅然鳏居三十余载却甘之如饴的精神寄托所在。他将书法看作生活中的第一要素，与之朝夕共处，认为即使算是消遣休闲，书法也强过下棋、钓鱼、绘画之类，因为可以不必借助棋伴或江河湖水或各种颜料。书写活动在身体和经济的任何状态中均可进行，并且大大有助于养气健身。众所周知，启先生的父亲年甫二十即已往生，而他却高寿九十又三，这不能不说是书法的一大重要功用。书法既是如此简单地可以满足人生，自己也就如同林则徐处世一般地"无欲则刚"了。所以很自然地得出的结论是：悠悠万事，书法为大，多少事也比不上它！

三

启先生于书法鉴赏眼光高超独到，非常人所能及。《论书绝句》（注释本）中的名句"学书别有观碑法，透过刀锋看笔锋"，早已脍炙人口，被竞相引用。

他又能从历代书法作品中看出书者的个性，书者人生的轨迹特点，可以说是"透过笔锋看人生"。笔锋原可指诗文书画的气势锋芒，这里不妨进一步引申来指代整体的书法作品。下面这段话也是很有名的——

怎么说书法上能看出书者的个性呢？即如"十年一觉扬州梦，赢得青楼薄幸名"的杜牧，笔迹也是那么流动；而能使"西贼闻之惊破胆"的范仲淹，笔迹便是那么端重；佯狂自晦的杨疯子（凝式），从笔迹上也看到他"抑塞磊落"的心情；玩世不恭的米颠（芾），最擅长运用毛笔的机能，自称为"刷字"，笔法变化多端，……至于林逋字清疏瘦劲；苏轼字的丰腴开朗，而结构上又深深表现出巧妙的机智。这等等例子，真是数不完的。尤其是人民所景仰的伟大人物，他们的片纸只字，即使写的并不精工，也都成了巍峨的纪念塔。像元代农民保存文天祥字的故事，便是一个例证。

……

文学作家亲笔写的作品，我们读着分外能多体会到他们的思想感情。从唐杜牧的《张好好诗》、宋范仲淹的《道服赞》、林逋、苏轼、王诜等的自书诗词里看到他们是如何严肃而愉快地书写自己的作品。黄庭坚的《诸上座帖》，是一卷禅宗的语录，虽然是狂草所书，但那不同于潦草乱涂，而是纸作氍毹，笔为舞女，在那里跳着富有旋律、转动照人的舞蹈。南宋陆游自书诗，从自跋里看到他谦词中隐约的得意心情，字迹的情调也是那么轻松流丽，诵读这卷真迹时，便觉得像是作者亲手从旁指点一样。这又不仅止书法精美一端了。再像张即之寸大楷字的写经，赵孟𫖯写的大字碑文或长篇小楷，动辄成千累万的字，则首尾一致，精神贯注，也看见他们的写字工夫，甚至可以恭维一下他们的劳动态度。（《关于法书墨迹和碑帖》）

启先生对于古代书法作品的欣赏和宝爱，常常逸于作品本身之外，尤其是古代文学名家、书画大家的书法作品。这也是"透过笔锋看人生"的一个重要方面。他说：

《颜氏家训》说："尺牍书疏，千里面目。"在思友怀人的时候，相晤无由，得到传来的片语只词，都感到极大的安慰。如果再看到亲笔的字迹，那种亲切感，确实有摄影相片所起不到的作用。(《读〈静农书艺集〉》)

我们每读到一个可敬可爱作家的作品时，总想见到他的风采，得不到肖像，也想见到他的笔迹。真迹得不到，即使是屡经翻刻，甚至明知是伪托的，也会引起向往的心情。(《李白〈上阳台帖〉墨迹》)

看到明知是伪托的前人书法而心向往之，有如世间流传的托名岳飞书写的草书《满江红》之类，是许多现代人有过的审美经历。启先生在得观李白《上阳台帖》之余，简直欣喜若狂，不由放笔写道：

在这《上阳台帖》真迹从《石渠宝笈》流出以前，要见李白字迹的真面目，是绝对不可得的。现在我们居然亲见到这一卷，不但不是摹刻之本，而且还是诗人的真迹（有人称墨迹为"肉迹"，也很恰当），怎么不使人为之雀跃呢！

又如，他对于清代"扬州八怪"之一的郑板桥十分钟爱，却不仅基于板桥的名头与书画的成就。他有一段评论郑板桥的话，也是众所周知的——

先生之名高，或谓以书画，或谓以诗文，或谓以循绩，吾窃以为俱是而俱非也。盖其人秉刚正之性，而出以柔逊之行，胸中无不可言之事，笔下无不易解之辞，此其所以独绝今古者。(《书艺承闻录·郑板桥》)

再如，启先生藏有一开明代文徵明（1470—1559）所书七绝小幅，写的是："石翁诗律号精成，老去还怜画掩名。世论悠悠遗钵在，白头惭愧老门生。"1976 年，年逾花甲的他因其"旧装零落，倩友人为之重加背饰"，并满怀深情，在卷首题写道：

> 二十年来，旧蓄书画，斥卖已尽，独此小幅，尚存箧笥，盖深感石田翁以高文建笔，为一代宗工，身后且不免于悠悠之论。小子于此，能不知所愤悱。而横山翁以头白门生，犹拳拳衣钵如此，是尤后学所堪敬慕者。每一展观，不忍遽置，又安敢任其失坠乎？（《题文徵明书七绝小幅》）

这种心境的表述，不禁令人联想到启先生与他的恩师陈垣先生的关系。沈石田（即沈周，1427—1509）比文徵明大四十三岁，陈垣先生也年长于启先生三十多岁，都是情逾一般师友的忘年之交。1971 年陈老以九十一岁高龄谢世，身后是否如同沈周一样蒙受"悠悠之论"，且不可知，以当时"十年浩劫"的"文革"尚未结束，当是不难想象的。启先生于此也是"知所愤悱"，想到自己作为"头白门生"，应该如何"拳拳衣钵"，因而感慨系之。后来中华神州进入改革开放、蓬勃发展的新时期，更加年迈"头白"的启先生用自己多年笔耕所得，创立"励耘奖学基金"，就是纪念恩师、传承衣钵的重大之举，在学界和社会上早已广泛传为佳话了。

［草于 2012 年启功先生百年诞辰前夕，
为参加第四届"启功书法学国际研讨会"论文］

# 启功书法艺术发展探论

　　启功先生是当代中国享誉最高、妇孺皆知的国学大师和书法家。他的书法出神入化，雅俗共赏，时至今日，片纸只楮，皆成瑰宝。

　　启功先生的书法艺术经历过什么样的发展阶段？能不能加以分期，每期的特点或曰关键词是什么？

　　关于自己书法的发展，先生本人有过明确的表述，在《启功口述历史》（北京师范大学出版社 2004 年 7 月版）中他曾说过："当然我的书法在初期、中期和晚期也有一定的变化，但这都不是刻意为之，而是自然发展的。"（174 页）但是学术界（包括书法艺术界）至今对此似尚缺乏比较具体而系统的探讨和阐述，不能不说是启功研究领域中的一个遗憾。

　　本文即根据启功先生自己的表述，将其书法艺术的发展分为三个时期：初期——萌发·筑基期；中期——提高·成熟期；晚期——鼎盛·奉献期，并就目前所能看到的启功书法作品，试述每个时期的主要历程和特点。

## 一、初期——萌发·筑基期

这是启功先生学习书法，打下扎实基础的阶段。时间应该是从他六岁（1918年）"入家塾字课"开始，大致结束于三十岁（1942年）。

先生这个阶段学习书法的过程，可以用他在《论书绝句》第一百题注中的一段话来概括：

> 余六岁入家塾，字课皆先祖自临九成宫碑以为仿影。十一岁见多宝塔碑，略识其笔趣。然皆无所谓学书也。
>
> 廿余岁得赵书胆巴碑，大好之，习之略久，或谓似英煦斋。时方学画，稍可成图，而题署板滞，不成行款。乃学董香光，虽得行气，而骨力全无。继假得上虞罗氏精印宋拓九成宫碑，有刘权之跋，清润肥厚，以为不啻墨迹，固不知其为宋人重刻者。乃逐字以蜡纸钩拓而影摹之，于是行笔虽顽钝，而结构略成，此余学书之筑基也。

现在所能看到的启功先生最早的书法，是他在汇文学校附属马匹厂小学三年级一幅绘画作品上的题款："何秋菊之可奇兮，独华茂于凝霜。丙寅孟春　三年德班启功绘"（图2）。

丙寅是1926年，先生时年十四岁。所题诗句，乃是三国魏·钟会《菊花赋》的开头两句，字迹端正规矩，当然甚为稚嫩。

这一时期，启功先生临学《九成宫碑》《多宝塔碑》《胆巴碑》，又学董其昌等等，从字的结体、骨力到整幅的行气，都日益精进。但是难以看到遗留下来的作品。

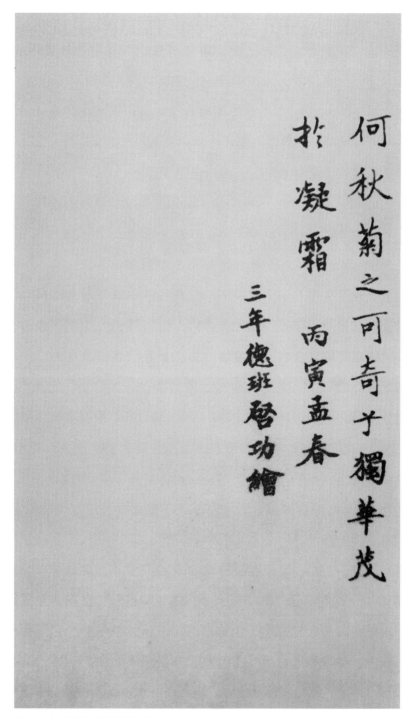

图 2　启功最早的书法作品

这个时期的下限，笔者以为不妨定在壬午（1942年），是年，启功先生整三十岁，正是而立之年。我们可以看到这一年有个代表性的作品，就是他给《雍睦堂法书》所收的西晋陆机《平复帖》所作的释文及跋语的墨迹（图3）。从这幅作品笔势的雍容大度，可以看出"启体"的规模初具，也可看出确实具有成亲王（永瑆）的模样（图4）。

怪不得他在《论书绝句》一百中自己说：

偶作擘窠钉壁看，旁人多说似成王。

与此相比，先生在前一年，即辛巳年（1941年）为绘画《溪山春霁》手卷的题诗《读迂翁诗信手录十绝句》（图5，见《启功全集》第13卷，162页），则姿媚摇曳，颇近赵孟頫，面目大不相同。

启功先生曾说："我在学书法时，主要靠自己的努力，能称得上以老师的名义向他请教的并不多。"（175页）具体而言，在启功书法的"筑基期"，起码有几位师长对他的书法的研习与发展发生过积极影响，按照结交及影响的先后，首先是近现代书法大师沈尹默，"他曾为我手书'执笔五字法'，并当面为我讲解、示范，还对我奖掖有加，夸奖过我的书法，这对我是莫大的鼓励。"（同上）

其次，"还有张伯英先生，我曾多次登门求教，看他写字，听他讲授碑帖知识，获益匪浅。"（176页）此外还提及冯公度、寿玺（号石工）先生。

其实对启功先生学习书法发生过积极影响的，笔者以为还有两位：一位是溥儒心畲先生，他是启功的同族前辈，虽然以擅画闻名，实际上他的书法水平不在其画之下。他的书法走的是"二王"一路，能够保持

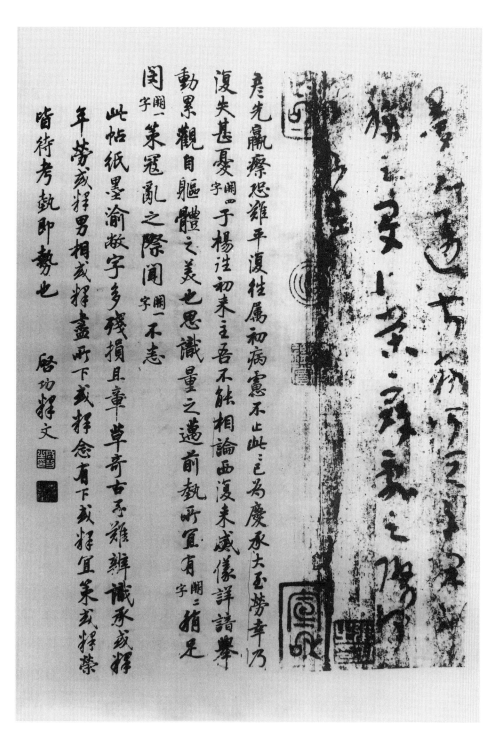

图 3　启功书《平复帖》释文及跋语

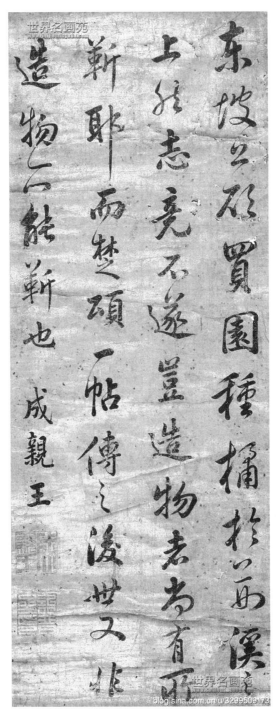

图4　成亲王（永瑆）书法作品

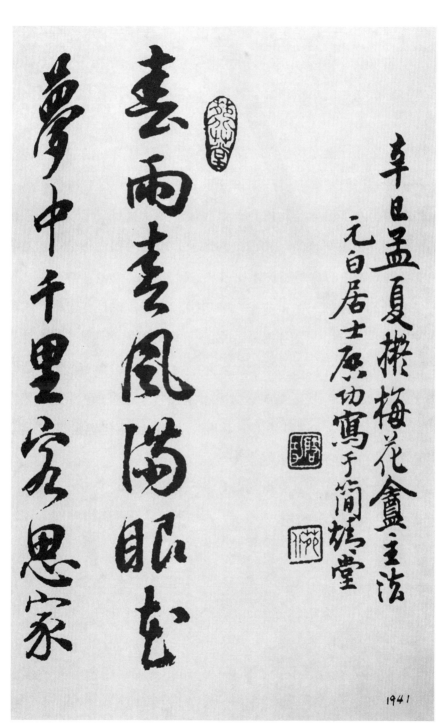

图 5　启功为《溪山春霁》的题画诗（局部）（1941 年）

纯正的魏晋格调。他曾经送给启功先生若干书法作品，水平都是超乎时流。上世纪 70 年代笔者结识启功先生，上他家拜访时，还时常见到他翻看欣赏心畬先生的书法作品，多为手卷，先生还给笔者讲述他的观赏体会。

　　还有一位是陈垣（援庵）先生，众所周知他是启功的恩师。他虽然是著名史学家，但和许多传统知识分子一样，对书法也有浓郁的热爱与深刻的理解。除了教导启功作为一个教师应该注意写好字以外，平日他对书法的态度和见解也给启功深刻的印象，如他对和尚禅僧书法"洒脱疏朗的共同风格"的理解和讲述使启功"听了大受启发"（117 页）。他调侃一位喜好临《淳化阁帖》的大人物的字写得好，说是"连枣木纹都写出来了"。（《启功全集》第 4 卷，161 页）可见他对所谓"帖学"末流的不屑。启功先生甚至说他的《论书绝句》中脍炙人口的名句"学书别有观碑法，透过刀锋看笔锋"（第 32 首）和"岂独甘卑爱唐宋，半生师笔不师刀"（第 97 首），"其实这只是陈老师艺术思想的韵语化罢了。"（《启功全集》第 4 卷，161 页）

## 二、中期——提高·成熟期

　　这个"中期"是指上世纪 40 年代初期至 70 年代中期，也是启功先生人生的中期，即从三十岁的而立之年直至六十多岁的耳顺之年，而从先生书法艺术的发展道路来说，它又可分为两个阶段：提高期和成熟期，前者大致从三十岁到四十岁，即上世纪 50 年代初；后者则从 50 年代初直到 70 年代中完成了"结字黄金律"的探索过程为止。

　　三十岁之后的启功书法，是一个提高期。他继续广博学习，"转益多师"，逐渐形成了自己的风格，"启体"的面目开始呈现。

这个时期启功得到陈援庵先生的引荐，一直在辅仁大学供职，直至1952年辅仁大学撤销，与北京师范大学合并。这一段时间先生在书法方面的用功，应该主要就是"杂临碑帖与夫历代名家墨迹，以习智永千文墨迹为最久。功亦最勤。论其甘苦惟骨肉不偏为难。为强其骨，又临玄秘塔碑若干通。"(《论书绝句》(注释本))其间，还屡得到同事沈尹默、台静农等人的指点、切磋和帮助。今留书于1948年的条幅"自卜条南旧隐居"(图6)，笔触老到，饶有智永遗风。

上世纪50年代启功先生步入中年，书法逐渐进入提高、成熟期。据先生自述："在解放前后，我的绘画水平达到了有生以来的最高水平，在国画界已经产生了相当的影响。"(129页)那么书法水平随之水涨船高也是理所当然的，《启功全集》第16卷卷首收录的若干幅标明"二十世纪五十年代作"的条幅，应该就是这一阶段的作品，也是智永的味道浓厚，后期"启体"的风格尚不明显。(图7a、b)。

这个时期的启功先生依然勤奋苦练书法，书艺不断精进圆熟，个人风格逐渐鲜明。但在人生遭际方面却屡遭挫折，就是他在脍炙人口的自叙词《沁园春》中所言"幼时孤露，中年坎坷"。其中的具体细节，在《启功口述历史》中多有描述。所以他在这一时期，总体而言是比较孤寂的，政治上、业务上都被边缘化，除了与恩师陈援庵及某些老朋友交往之外，应酬比较少。但这更能使他深研学问，潜心书法，注重传承、致力创新。检点这个时期留下的作品，可以看到不同的样貌与体段，多数当然与晚期一脉相承，但也有的如吉光片羽，一瞬即过。

这一时期的下限，可以初步定在70年代中叶，"文革"接近结束，即启功先生六十多岁。这一段时间很长，有二十多年，是相当值得重视

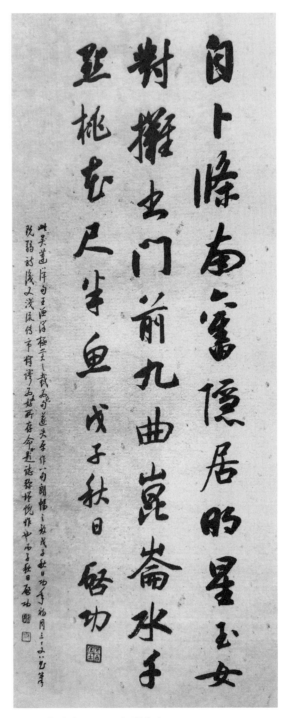

图 6　启功书于 1948 年的条幅

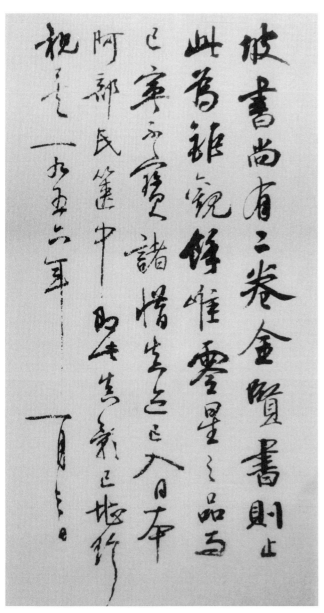

图 7a　启功 20 世纪 50 年代书作 1

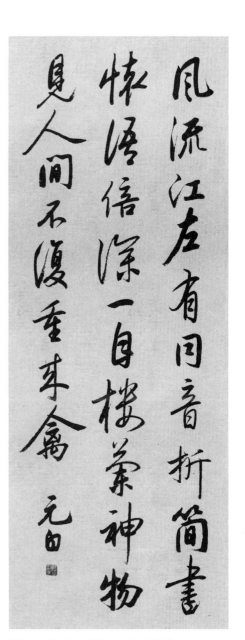

图 7b　启功 20 世纪 50 年代书作 2

和研究的，其中有些时间节点及其书法代表作品值得提出：

启功先生在 50 年代继续狠下功夫，直至 1966 年"文革"开始。这一段有 1957 年被错打为"右派"的打击，被剥夺了上讲台的权利，交游稀疏沉寂，反而更能潜心于学问与书法，他的第一部著作《古代字体论稿》及一些代表性的论文都是撰写或发表于这一段时间。书法方面则少有应酬的需要与压力，所以更能大胆专注于探索与创新。只是这个阶段的作品，现在甚为罕见，《启功全集》第 16 卷所收仅两幅，一幅是《萧次瞻烈士诗》，标为"一九六三年作"（图 8）；另一幅则标为"二十世纪六十年代作"（图 9）。2012 年为纪念先生百年诞辰而在国家博物馆举办的"启功书法展"中，入展的主要是他晚期即 20 世纪 70 年代以后的作品，同时40 年代、50 年代作品均有所见，但是唯独没有一幅 60 年代的作品，令人甚有"遗珠"之感。

所幸笔者于 1970 年在母校北京师范大学得以结识启功先生，并承蒙邀往其西直门内小乘巷家中，其后陆续赠送我一些他的书法作品，有许多是"文革"前即 1966 年及以前的作品，上限应该是 1960 年。

这些作品面目多样，不少是晚期罕见的。如"夜雨涨波高二尺"（葛天民句，书于 1965 年 12 月，图 10），《自题紫幢寄庐图一首》（诗见《启功韵语》卷一，收于《启功全集》第 6 卷第 12 页，图 11），《自题小乘巷寓庐一首》（诗见《启功韵语》卷二，收于《启功全集》第 6 卷第 18页，图 12）。

集班固、岳珂句的对联"简易无威，廉靖乐道；汗漫翰墨，浮沉里闬"（图 13），看来是启功先生的最爱，不仅在馈赠我的作品中有之，《启功全集》第 19 卷的"联"中有之（168 页），在《启功联语墨迹》（北京师范大学出版社 2007 年 7 月版）中则收有三幅。图 13 的这一幅应该是较早

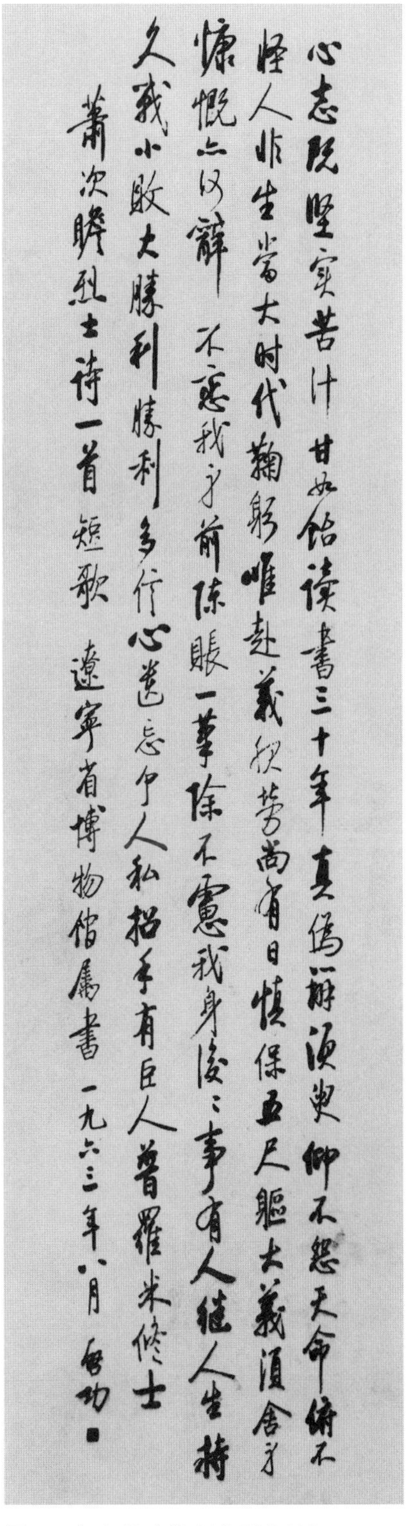

心志既坚实苦甘如饴馆读书三十年真伪一辨须臾卿不愿天命俦不
怪人非生当大时代翰躬唯赴义秋芳尚有日慎保五尺躯大义须舍予
慷慨亡以辞不恶我予前陈赈一辈保不恶我身后三事有人继人生持
久战小败大胜利膝利多行心迷忘个人私招手有巨人普罗米修士
萧次瞻烈士诗一首短歌辽宁省博物馆属书一九六三年六月启功

图8　启功书《萧次瞻烈士诗》

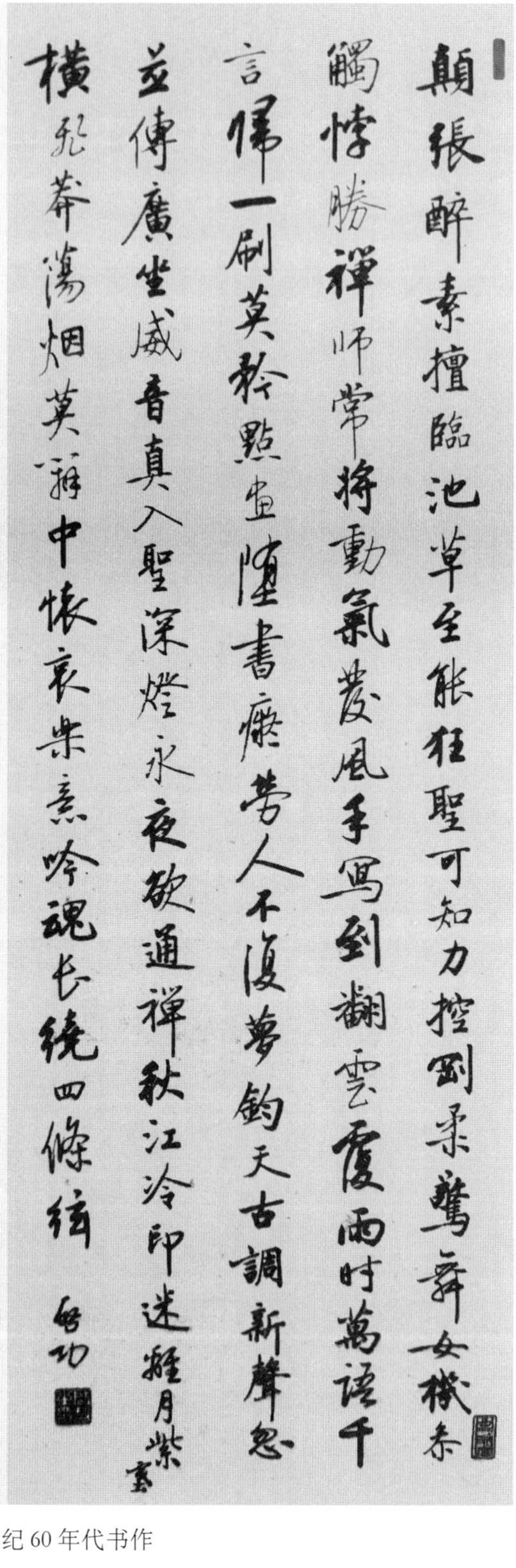

颠张醉素擅临池，草圣能狂圣可知。力控劈刳柔鹜舞女，矫秦觚悸胜禅师。常将动气发风手，写到翻云覆雨时。万语千言偏一刷，莫教点画堕书痴。萼人不复梦钓天，古调新声怨。益传广坐威音真入圣，深灯永夜欲通禅。秋江泠印迷残月，紫雾横飞荡荡烟。莫讶中怀衣袂寒，烹吟魂长绕四条绡。

启功

自作诗——颠张醉素擅临池

二十世纪六十年代作　水墨纸本　78cm×28cm　个人收藏

图 9　启功 20 世纪 60 年代书作

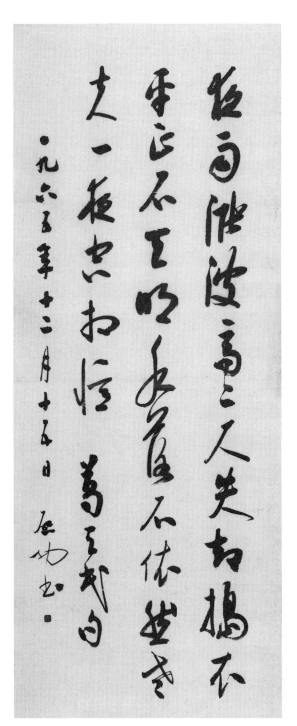

图10 启功书葛天民诗

图11 启功书《自题紫幢寄庐图一首》

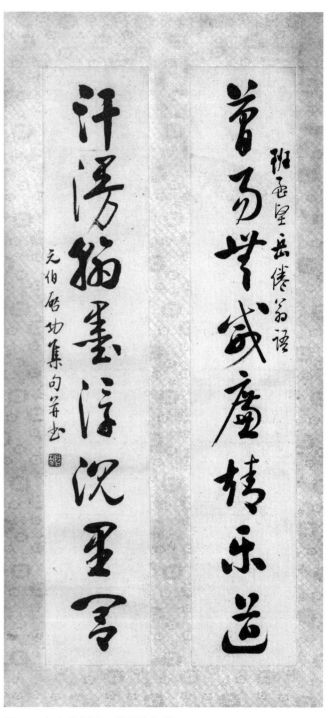

卓锥有地自逍遥 室比维摩已倍饶
片瓦遮天裁薜荔 方床容膝卧偶侥
蝇顽榜字苦梯写 辣刺攘甚阔荟雕
只怕筛煤邻店客 眼花撮起一斋摇
自题小乘巷寓庐一首 小乘客

图 12　启功书《自题小乘巷寓庐一首》　　　图 13　启功书班固、岳珂集句联

的一幅，书于"文革"之前，结体圆融，草书笔画粗细对比鲜明，"道"字的末笔甚至带有章草的意味。

《十六字令二首》(《启功韵语》卷二，收于《启功全集》第6卷第20页)则可谓笔触烂漫，非常活泼，前并钤有先生笑眯眯的漫画头像印章。他对这方印章很是欣赏。(图14)

后来我将这幅作品裱成手卷，请著名书法家欧阳中石先生题跋，他的跋语为："丙戌春幸从语言文字学家董琨先生得瞻 启功夫子四十年前手泽，奉读再三，无论词书，获益多深，知大家渊源有自，钦极幸甚，亟为 董公藏此珍品为庆。中石长揖"。(图15)欧阳先生认为这幅字的风格与后期"启体"有区别，也有联系，所以叫作"渊源有自"。

1966年开始的"文革"，作为"摘帽右派"，启功先生当然也受到了冲击，所幸他为人厚道，平日对同仁和学生均极热情、谦和，所以"年轻小将"们没有过多为难他，只是把他的书籍文稿、书画收藏等贴上封条，实际上是保护起来了。师母更是将一些可能有所"违碍"的手稿、旧作"裹而藏之"，"躲过浩劫"，所以若干"文革"前的书法作品，也得以保存下来，成为今天研究启功书法的宝贵资料。

"文革"中的启功当然没有"造反"的资格，但是可以给"造反派"抄写大字报，通过大字报无拘束的自由书写，他的书法更为纯熟，更成体系，所以后来他自谦自己的书体为"大字报体"。

大约是进入70年代后，他投入对"结字黄金律"的探索与研究。对于传统书论中首要的"用笔""结字"的关系问题，他明确地认为："从书法艺术上讲，用笔与结字是辩证关系，但从学习的深浅程度讲，则应以结字为上。"以"结字黄金律"的发现与建立为标志，启功先生从他书法艺术的成熟期正式步入鼎盛期。

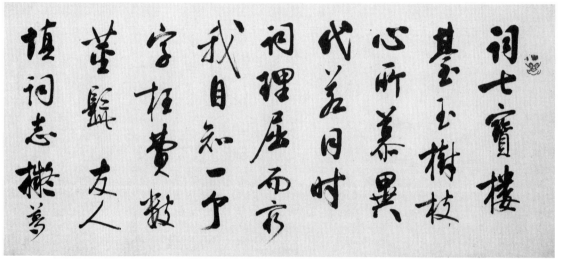

图14 启功书《十六字令二首》（局部）

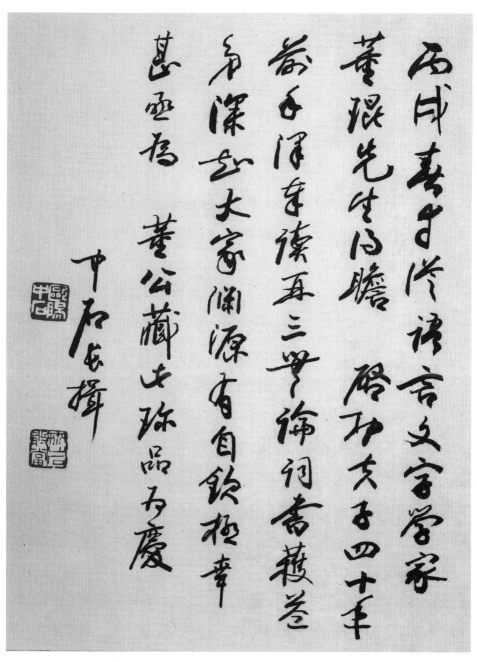

图 15　欧阳中石题跋

### 三、晚期——鼎盛·奉献期

　　启功先生学习书法，正处于中国书法界"碑学""帖学"之争激烈进行、方兴未艾之时。所谓"帖学"，是指研习自宋代首刻集合历代书法作品的《淳化阁帖》以来种种刻帖形成的书学和书风。按说这些作品原也都是墨迹，不过自从刻入枣木或石头，笔墨痕迹难免失真，再后一般人所能接触到的，是经历了种种翻刻的"字帖"，失真程度更甚，难觅古人书法真面；再者，《淳化阁帖》以"二王"（羲之、献之父子）作品为主，历来习书者趋之若鹜，加之科举考试制度的束缚，造成书法面目的陈陈相因，影响了书法艺术的健康发展，于是在清代后期，出现了与之相拮抗的"碑学"。

　　启功先生学习书法的取径，可以说是超脱于碑学、帖学的纷争之外，他碑、帖并重，"杂临碑帖"。既学魏碑如《张猛龙碑》等，又学唐碑如《九成宫碑》《多宝塔碑》《玄秘塔碑》，还学元赵（孟頫）书《胆巴碑》等；但是他是"半生师笔不师刀"，能够"透过刀锋看笔锋"。他特别重视历代书法的墨迹作品，认为只有墨迹最能保留和体现书写的真实与神韵。所以他主张"学习书法不应论什么帖什么体的道理，但只要'吃活蚊子'，要在墨迹上下功夫。这是秘诀。"（见张志和：《启功谈艺录》，华艺出版社 2012 年 7 月版，65 页）启功先生曾在《论书札记》中有过"吃活蚊子"的生动比喻："仆于法书，临习赏玩，尤好墨迹。或问其故，应之曰：君不见青蛙乎。人捉蚊虻置其前，不顾也。飞者掠过，一吸而入口。此无他，以其活耳。"（《论书绝句》（注释本），273 页）

　　启功先生书法艺术发展的晚期，当从 70 年代中叶开始到 2005 年他谢世为止，大约三十年。这是他书法创作的"爆发期"，也可以说是"鼎盛期"，《启功年谱》指出："当今社会上发现他书写的许多毛主席诗词，都是那一时期的作品，可以说这是他书法活动的鼎盛时期。"

进入这个时期，先生名气日隆，家喻户晓。应各个单位、众多友朋的要求、请求，在各种场合和地点创作了难以计数的书法作品，多数是无偿的；即使部分收有润笔之资，也基本上被用于旨在纪念恩师陈垣先生、扶持贫困学子的"励耘奖学基金"，凡此均是他为社会做出的奉献，所以也不妨叫作"奉献期"。

"一从证得黄金律，顿觉全牛骨隙宽。"（《论书绝句》九九）启功先生这个时期的字，由于黄金律的作用，结构特别严谨，达到了形式美的极致。可以说自王羲之、赵孟頫以来，能把汉字写得如此之美的，加上启功先生，再没有第四人了；而在当世，则允推第一，独步天下。

启功先生说过："每一家成熟的字都有他自己的特点，这就像人走路、说话、相貌都有特点一样，有时你不用看，但听他一言半语，甚至只听脚步声就知道他是谁。书法也是这个道理，成熟的字都有个性。"（《启功谈艺录》，109页）启功先生晚期成熟的字，得以进入这个境界，为世人所激赏和珍爱，号为"启体"，如得片纸，珍若拱璧。

启功书法为什么能受到全社会广泛欢迎，雅俗共赏？一言以蔽之，就是写得漂亮、好看。沈尹默先生说过："什么是好的书法呢，通俗一点说，就是要好看，我们的书法就是要把每个字写好，写得美观。字的形体要美观，构成形体的一点一划也要美观。"（《沈尹默未刊遗稿三种·文字改革中的创造通用书法字体问题》，文物出版社2021年4月版，129页）又说："我们必须承认，凡是美观的东西，必定是通体圆满，既是通体圆满，其中必定没有一点缺陷存在的地方，有一点缺陷便不耐看了，书法也是这样。"（同上）沈先生这两段话写于上世纪 50 年代，用以衡量与评论启功先生的书法，包括其书法结体"通体圆满"的特点，真是若合符契。

启功先生的书法，用笔规矩而洒落，结构紧密而内敛，果断有致，干净利落。瘦硬的笔画略带圆转之意，可谓清妙妍美，开朗疏秀，既妩媚动人，又俊爽豪逸，风神萧散，笔端毫尖处处流露出才情横溢和清秀俊美的特色。启体的特点，曾经有过许多专家和观赏者加以无数的品评，被施用以诸多的褒奖形容词：瘦劲、秀美；活泼、飘逸；流畅、爽利；凌厉、矫健；端庄、肃穆；沉稳、凝重；超拔、奔放；妩媚、柔润；洒脱、酣畅；疏朗、萧散；浑厚、含蓄等，无不恰如其分，洵非溢美。现如今世间保留、流传和印制的启功书法作品颇为丰富，无法一一品评，总体可以评为：风格多样，各有情趣；而且可以认为无一懈笔、败笔，包括他赠送诸多友人的应酬之作，这对于一位书法家而言是尤为难得的。

1942 年启功先生三十岁时，曾经为郭立志刊刻的《雍睦堂法书》担任审定，对其所影印的若干书做有简要评介。《雍睦堂法书》开头有郭立志所撰《自序》："昔姚姬传氏记王禹卿之言，谓：'书之艺自东晋王羲之至今且千余载，其中可传者或数十年一人，或数百年一人。'又曰：'自明董尚书其昌后，今无一人焉。盖勤于力者不能知，精于知者不能至也。'旨哉言乎！"这些话，用在启功身上也是合适的。他可以说是董其昌数百年来"可传者"的一人，因为他既"勤于力"，就是学习书法十分勤奋；又"精于知"，就是文字学根底深厚，同时对书法具有真知灼见，二十多岁就开始撰写《论书绝句》以及其他相关论述；最后还能做到"至"，就是他的书写实践，能达到书法美的极致。能同时做到这三条的，真是数百年来一人而已，而启功先生做到了。

虽然众所周知"口之于味，有同嗜焉"，但是对于艺术品的欣赏，则难以做到一致。启功书法可以说是大众雅俗共赏，喜闻乐见。但是也还是存在不同的负面声音。例如，一篇批评文章说启功的书法实践存在若干缺陷："其一，在实践上，其并没有向我们呈现一种属于自己特有的语言样式。""其二，在理论上，……从没有过系统地阐述自己关于书法的各种高深见解，有的只是零星的'论书绝句'或题跋。""还有一个最不满意的地方，就是这位长者的笔底没有形成一种气势，……笔底总是这几根线条，没有变异，没有差异。"（达斋、魏翰邦:《书法门诊室2》，江苏美术出版社2001年9月版）

如果说许多享誉天下的书法家其实未必形成"属于自己特有的语言样式"，这确是事实，但启功先生书法的面目，即便置于古今诸多书法大家行列之中，应该说也是最为鲜明的。他的书迹，即使并不署名，同时即使让非专业人士做辨认，也一定能脱口而出:"启功的字!"能说他没有"呈现一种属于自己特有的语言样式"吗?

古往今来，使用诸如"论书绝句"这样的方式品评书法作品、阐述自己的书法理论见解的，所在多有;但是启功的百首论书绝句，应该视为其中的佼佼者。通过论书绝句，他将自己的书法与传统所谓"碑学""帖学"做了切割，写下观点鲜明、寓意深刻的名句:"半生师笔不师刀"，"老夫别有观碑法，透过刀锋看笔锋"。试问还有什么人的论书绝句能如此鲜明深刻呢? 启功先生提出著名的"结字黄金律"，提出与赵孟頫针锋相对的"结字为上，用笔次之"，难道不是他关于书法的高明见解吗? 1986年，北京师范大学出版社出版了启功主编的《书法概论》，此书随即被列为国家教委高等学校中文类专业统一教材。此外，文物出版社于2003年出版了三四十万字的《启功书法丛论》，能说先生"从没有过系统地阐述自己关于书法的各种高深见解"吗？其实，启功先生阐述自己对于书法的见解，都是深入浅出，通俗易懂（例如"透过刀锋看笔锋""吃活蚊子"之类），从来不故作"高深"。

至于认为启功先生"笔底没有形成一种气势，……总是这几根线条，没有变异，没有差异"，只能说这位批评者所看到的启功书法作品太有限了，更不了解先生在形成自己晚期书法面目之前的诸多探索、志在创新的各种书法风貌。关于启功书法是不是"没有形成一种气势"，"总是这几根线条，没有变异，没有差异"，笔者倒是建议他不妨看一看于乐、赵辉编著的《启功书画鉴赏》（中国轻工业出版社2007年1月版）中的"书法篇"部分，面对诸多线条风格丰富的启功书法作品，恐怕就不会发此批评了。

当然，我们不是说启功先生的书法完美无缺，无可挑剔，不能批评。实际上，对于审美的感受和表述，可能见仁见智，言人人殊。不过笔者以为：作为负责任的评论，还是应该重视实证，摒弃纯粹的一己主观感知为好。

# 启功临习碑帖的论述及实践

　　启功先生勤奋学习书法，一生临习碑帖无数，他曾自述："余六岁入家塾，字课皆先祖自临九成宫碑以为仿影。十一岁见多宝塔碑，略识其笔趣。然皆无所谓学书也。廿余岁得赵书胆巴碑，大好之，习之略久，或谓似英煦斋。时方学画，稍可成图，而题署板滞，不成行款。乃学董香光，虽得行气，而骨力全无。继假得上虞罗氏精印宋拓九成宫碑，有刘权之跋，清润肥厚，以为不啻墨迹，固不知其为宋人重刻者。乃逐字以蜡纸钩拓而影摹之，于是行笔虽顽钝，而结构略成，此余学书之筑基也。其后杂临碑帖与夫历代名家墨迹，以习智永千文墨迹为最久，功亦最勤。"（《论书绝句》一百自注）由此可见他对书法临习所下的功夫。

　　他认为学习书法，"入门的时候不能不临碑帖，而临碑帖不至于被碑帖所误，这是很重要的。"（《破除迷信——和学习书法的青年朋友谈心》第五章，收入《启功书法丛论》）

　　他对学生说："学书法，临、摹是两种不同的方法，光临帖不行，还要将'摹'的方法用上，结构便会大好。这种看似小孩子学书的方法，对小孩子确实有用处，例如因为不识字，不知道笔画顺序，需要用描红的方法。其实，对于成年人学书法，这也是很重（要）的方法。但对不

入门的人，我也不对他讲，讲了也没有用，入了门的人再用这种方法，那是大有好处的。"（《启功谈艺录》，86 页）

启先生的书法临习，碑帖并重，而视墨迹为最佳范本。他有一个脍炙人口的生动比喻，就是把墨迹本比作鲜活的蚊子："仆于法书，临习赏玩，尤好墨迹。或问其故，应之曰：君不见有蛙乎。人捉蚊虻置其前，不顾也。飞者掠过，一吸而入口。此无他，以其活耳。"（《论书札记》，收入《论书绝句》（注释本））他对学生说过："临碑不如临墨迹，要临写碑刻文字，就要能够将它'翻译'出来才成。我就信这个'蛤蟆不吃死蚊子'的理儿。"（《启功谈艺录》，49 页）所谓"翻译"，就是能够"透过刀锋看笔锋"，看出刀刻效果背后的笔墨痕迹即笔意。

他认为：石刻的字是"死蚊子"，古人所留下的墨迹是"活蚊子"，临写墨迹就是"吃活蚊子"，要在墨迹上下功夫。这是秘诀。（《启功谈艺录》，65 页）

"还是临墨迹好，古人临碑刻实出于不得已，有墨迹为什么不临写？"（《启功谈艺录》，93 页）

"现在有所谓碑学、帖学，那么我们可不可以创一个'墨迹学'？碑也好，帖也好，但只有墨迹是活的。刻的字都失去笔意之'活'了。"（《启功谈艺录》，80 页）

先生说，他如此重视墨迹，是受了他的老师陈垣校长的启发。（《启功谈艺录》，82 页）

启先生认为临习碑帖，存在"似"与"不似"的辩证法，对此他也有许多精辟阐述——

首先是要"求似"："当然初临总要求相似，学会了范本中各方面的方法，运用到自己要写的字句上来，就是临帖的目的。"（《论书随笔》

叁，收入《论书绝句》（注释本））他主张"学书法，……光临帖不行，还要将'摹'的方法用上，……"为此还要做"摹"的功夫。"需要用描红的方法。（这种看似小孩子学书的方法，）其实，对于成年人学书法，这也是很重（要）的方法。"（《启功谈艺录》，86 页）

启先生曾经下过这样的功夫："因为临帖总不像，就把透明纸蒙在帖上一笔一画地去写。……拿了一个为放大画图用的坐标小方格透明塑料片，罩在帖字上，仔细观察帖字中笔画轨道的方向角度、笔与笔之间的距离关系，字中各笔的聚处和散处、疏处和密处。如此等等方面，各做具体测量。"（《论书随笔》贰）

启先生屡屡为学生张志和的临写习作做修改（如《启功谈艺录》84 页有批改张志和所临赵孟頫《胆巴碑》局部图版），首先也是要求临得"似"，才能吸收所临碑帖的好处。

其次，他认为归根结底，临碑帖并不能做到真"似"，而且"永不能似"。他的《论书札记》中有一则："或问临帖苦不似奈何？告之曰：永不能似，且无人能似也。即有似处，亦只为略似、貌似、局部似，而非真似。苟临之即得真似，则法律必不以签押为依据矣。"这是因为："临学范本，不是为和它完全一样，不是要写成为自己手边帖子字的复印本，而是以范本为谱子，练熟自己手下的技巧。"（《论书随笔》叁）

"任何人学另一人的笔迹，都不能像，……临学是为吸取方法，而不是为造假帖。学习求'似'，是为方法'准确'。"（《论书随笔》叁）

而且还干脆地认为："临帖不必管它像与不像，只要写得顺溜就好。"（《启功谈艺录》，91 页）

到了后来，启先生的临写碑帖就有如唱歌唱戏的演员"吊嗓子"了。他对学生说："你写一段还要再'吊吊嗓子'（指临帖），就像唱戏的，唱得久了，就容易走板，要吊嗓子才行。写字也是这样。"张志和指出："先生年已八十三岁，尚在临帖。"（《启功谈艺录》，139页）

启先生本人的临习碑帖，从总体上说，也是经历了"似"与"不似"的两个阶段：

第一个阶段是追求"似"，进入"无我之境界"，即尽量"写得像"，并且要"得势"。他说："临帖当入无我之境界。临写之法，主要是为了"得势"，……米元章所谓'得势乃佳'，……这是要领所在。"（《启功谈艺录》，91页）

一直到上世纪60年代中期即"文革"之前，他所临写碑帖的效果，可以说多是这种准确的"求似"。

60年代以来，有一段时间启先生曾经着意临习黄庭坚的行书，如今保留下来的作品有两件，这两件临帖都是十分忠实于原作的"无我"之作。一件是临于1966年3月的行书《松风阁诗》帖（图16a），后有题记："黄书全用柳法，但加疏散耳。功再记"（图16b）。这是一幅长472cm、高22cm的手卷，纸质是皮纸，曾在2003年北京师范大学举办的"启功先生赠友人书画作品展"中出现过。后文物出版社为展示此次展品，出版了《启功赠友人书画集》（2006年6月版），这幅作品被选为封面，可见应属精品中的精品。可惜的是诗中的"张侯何时到眼前"一句，印脱了"侯何时"三个字。

另一件是临于1966年年初的《阴长生诗》（图17a），书后题记："后八百六十九年岁在丙午春暮临秋碧堂刻本　启功时居小乘巷"。现在遗留的作品也是书于皮纸，46×30cm，一共13张，未裱。启先生对黄庭坚的这件作品同样下了绝大的临摹功夫，而且印象深刻。时过近三十年，还念念不忘。1993年11月的一天，他有一个关于碑帖的谈话，首先就提

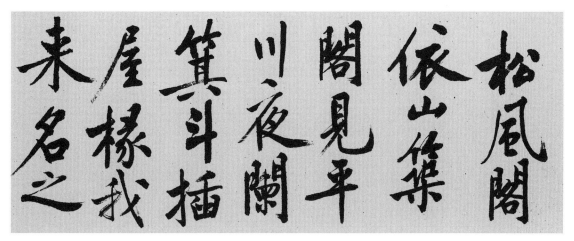

图16a　启功临黄庭坚书《松风阁诗》（局部1）

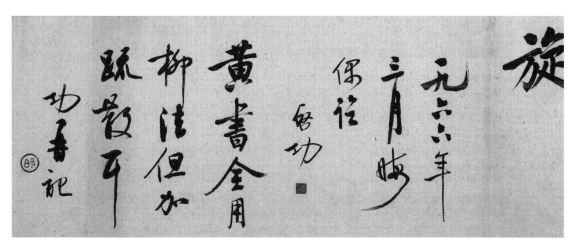

图16b　启功临黄庭坚书《松风阁诗》（局部2）

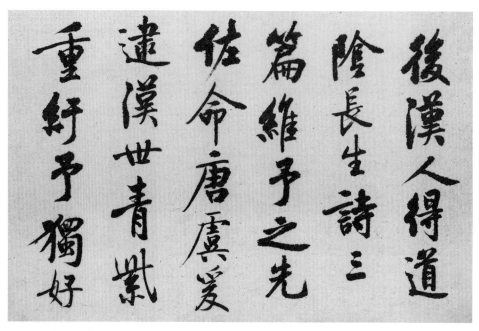

图 17a　启功临黄庭坚书《阴长生诗》（局部 1）

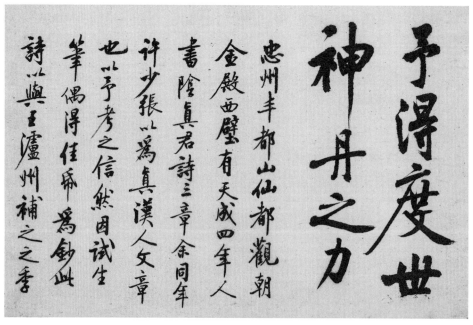

图 17b　启功临黄庭坚书《阴长生诗》跋（局部 2）

到："黄庭坚有一个好帖，叫《阴长生诗》，四川的丰都城是阴王城，是姓阴的王，地阴王长生不老有阴王殿，这帖的字写得很好。"（《启功年谱》，247 页）临书作品中对黄庭坚原作正文的体势与风格，都有十分忠实的体现，可谓"形神皆备"。黄庭坚在诗后有一长跋：

> 忠州丰都山仙都观朝金殿西壁，有天成四年人书《阴真君诗》三章。余同年许少张以为真汉人文章也。以予考之，信然。因试生笔，偶得佳纸，为钞此诗，以与王泸州补之之季子。观阴君所学，守尸法耳，犹须择师勤苦如是，乃能得之，何（按：启书脱此字）况千载之后尚友古人求知道德之工宰者乎？　绍圣四年四月丙午黔中禅月楼中书（图 17b）

启先生只是在录写这段跋文并题记时，用的是自己的字体，已经是相当成熟的"启体"了。

我们在以清代康熙朝拓本为底本出版的梁清标藏《秋碧堂法书》（河北人民出版社 2013 年 7 月版）中，可以得睹黄庭坚书《阴长生诗》的原貌，对比启先生的临书，可知先生的临写功力之深厚，实在不是一般人能达到的。

第二个阶段是他的书艺已形成了自己的独特风格与面貌，即创立了雅俗共赏、广受欢迎的"启体"，在临帖方面，就是"遗貌取神"，不再追求"形似"了。70 年代以后的启先生临帖就是如此，基本上属于不再"规规于形似"的艺术再创作了。80 年代初笔者回到北京之后，启先生曾出示他近年所临的全本《淳化阁帖》，装订为十本，且有林散之等名家的题跋。但整体面目都已经是"遗貌取神"的"启体"了。

1975 年 10 月启先生给笔者来信中说："（近来）没多写字，我觉得不临帖将近一年了，现在有时间即临些帖，然后再为朋友写字，因为自己的老本快吃完了，没的卖了。过一段时间练习，稍稍有些积蓄，再为人家写字。"可以说，临帖是启先生书法创作的必要准备与热身阶段，于此可见启先生对于临帖的重视以及其书法创作与临帖的密切程度。

北京师范大学出版社在启功先生谢世的 2005 年编辑出版了《坚净居丛帖》，分"临写辑""鉴赏辑""收藏辑"三部分。王连起在《〈坚净居丛帖〉读后记》中说："至于先生的临帖，这里看到的基本是先生早已形成了自己的体势风格后的作品，已经完全脱离了'规规于形似'的入帖阶段，虽曰临，实际上是遗貌取神，是完全贯注先生自己的艺术再创造。"就是说，这个阶段所能看到、搜集到的启先生临写作品，都是"完全脱离了'规规于形似'的入帖阶段"的作品，应该都是比较晚期的作品，如所临金任询行书韩愈《秋怀诗》题记后曰："启功时年七十又七"。

这个阶段保留下来的启功先生临习作品比较多见、易见，这里就不必再进一步举例说明了。

# 略谈 20 世纪 60 年代的启功书法

启功先生终生勤奋，为世人留下诸多雅俗共赏的书法作品。经历了上世纪 50 年代以后"派曾右"的坎坷和"文化大革命"的劫难，自 70 年代开始，启功先生犹如"出土文物"，枯木逢春，声誉日隆，学术上和书法方面的名气越来越大。人们喜爱他的书法，他也积极从事书法创作，所以至今人们时常看到和观赏的启功先生书法作品，多为 70 年代及之后所作。

但是任何一位艺术家的艺术成就都不会是突然产生的，一般来说，都会有一个从早期、到中期、晚期或者说从萌发期、到成熟期、高峰期的过程。书法方面尤其如此，因为人可以一天不唱歌、跳舞、弹琴、画画（虽然天天练功是必要的），但大抵都要写字。许多人知道启先生学习书法的机缘：一个表舅要他的画，却不让他题款，明摆的是看不起他的字，于是受到刺激，发奋学习书法。启先生后来说："这事确实有，但它只是我日后成为书法家的机缘之一，我的书法缘还有很多。"（《启功口述历史》，171 页）那时他不过十七八岁，之后应该说是在书法方面愈发用功，不敢说"日日不辍"，总是持之以恒，所以很快书艺精进，40 年代三十多岁时的作品就得到世人欣赏，很有收藏价值了。2012 年启功先生百年诞辰时，在国家历史博物馆曾举办他的书法纪念展，展出的作品中，最早的就是 40 年代的。

不过看到那次展览，细心的观众也许会发现一个问题，启先生的书法作品自 40 年代始，50 年代的也有，虽然数量都不多，但其后大量的作品，创作时间就直接进入 70 年代及以后，而整个 60 年代则是个"空白"，不免令人感到遗憾。

再看北京师范大学出版社于 2012 年 9 月出版的修订版《启功全集》，皇皇 20 卷，精美绝伦，从第 1 卷至第 10 卷，为启先生的学术著作直至口述历史、日记、书信等，第 11 卷之后，则是书画作品，但无论是册页、手卷，书丹、写经，还是中堂、斗方，条幅、横披，乃至专门有一卷（第 17 卷）"赠友人"，都罕见启先生 60 年代的书法作品，只是在第 16 卷的"条幅"部分，有两幅 60 年代的作品，分别为 1963 年书写、辽宁省博物馆收藏的《萧次瞻烈士诗》和只署"二十世纪六十年代作"的《自作诗——颠张醉素擅临池》（个人收藏）。

60 年代启先生五十多岁，正值盛年，书艺应臻胜境，趋于成熟，岂能没有更多的书法作品流传下来而成为几乎"空白"的遗憾呢？

其实，60 年代的启先生，在书法方面也是努力不懈的，由于众所周知的 50 年代"反右"中的不幸遭遇，被剥夺了上讲台的机会，绘画方面也不能多所着力，平素生活中能对他"网开一面"的寄托与消遣，只能主要是书法了。

这个时期书法方面的作品其实也不少，我们先从收入《启功全集》第 16 卷的两幅条幅看起吧。

其一是应辽宁省博物馆之嘱并由其收藏，书写于 1963 年 8 月的《萧次瞻烈士诗》，水墨纸本，158×40cm（图 8）。书写的诗句为烈士自抒心怀的一首五言短歌诗："心志既坚实，苦汁甘如饴。读书三十年，真伪辨须臾。仰不怨天命，俯不怪人非。生当大时代，鞠躬唯赴义。服劳尚有日，慎保五尺躯。大义须舍身，慷慨亦何辞。不恋我身前，陈账一笔除。不虑我身后，后事有人继。人生持久战，小败大胜利。胜利多信心，遗忘个人私。招手有巨人，普罗米修士。"此幅书作结体优美平实，已具其后"启体"的面目。此诗有个特点是重复出现的字多，如有四个"不"字、三个"大"字、三个"有"字、两个"须"字、两个"义"字、三个"身"字、两个"胜利"，等等，不过书写时都尽量避免结体、笔势的重复。还有值得注意的是，这幅书作整体是用传统汉字即繁体字书写的，但是却使用了好几个简化汉字："坚""实""饴""读""须""时""陈""继""个"，这种繁简夹杂的现象，在启先生的书作中是比较少见的。但是细细考证起来，这些现代使用的规范简化字，都是在古代已经产生，见于古代书法家的笔下，或者是中古的俗字。如"坚"见于《宋元以来俗字谱》（来自《大唐三藏取经诗话》），"实"见于智永、欧阳询、孙过庭、张旭、怀素，"饴"见于文徵明，"读"见于智永、怀素，"须"见于鲜于枢，"时"从张芝、孙过庭、怀素以下，书写的人就更多了，"陈"见于索靖、贺知章，"继"见于褚遂良、米芾，"个"见于孙过庭，等等，可以说都是有依据的，与一些使用现代简化字混杂于繁体字的书作，不能相提并论。但是繁简并用，尽管"简"有所出，毕竟是一着"险招"，所以启先生后来的书作中，就很少发生这种现象了。

其二标明"二十世纪六十年代作"，水墨纸本，78×28cm（图9），书写的是行书自作诗："颠张醉素擅临池，草至能狂圣可知。力控刚柔惊舞女，机参触悖胜禅师。常将动气发风手，写到翻云覆雨时。万语千言归一刷，莫矜点画堕书痴。劳人不复梦钧天，古调新声忽并传。广坐威音真入圣，深灯永夜欲通禅。秋江冷印迷离月，紫塞横飞莽荡烟。莫辨中怀哀乐意，吟魂长绕四条弦。"尺幅不算大，布局略有局促处，如第三行末尾"月紫塞"太挤，以至"塞"字溢出行外，也许原是漏写，后经补入。

总之这两幅书作应该不能算是启先生60年代的精品。

现在知道，启先生在60年代的"文化大革命"之前，还有一批作品保留至今，是浩劫后的遗存，故而弥足珍贵。这些作品带有艺术探索的痕迹，风格多样，面目丰富，甚至迥异于70年代以后成熟的"启体"，有不少应该说是精品，是先生留给世间很宝贵的一笔艺术遗产。

手卷《十六字令二首》，140×34.5cm，内容如下：

> 词，七宝楼台玉树枝。心所慕，异代若同时。　词，理屈而穷我自知。一个字，枉费数茎髭。　友人填词，志拟梦窗，写梦边填词图征题，为书十六字令二首，时一九六五年冬日，翌春偶录。
> 　启功

这幅字纯用淡墨，字的间架结构以及用笔，均与70年代之后的风格有所区别，但是十分秀美、耐看。而更加关键的是，落款后钤上了一方他的头像印。在传世的启先生作品中，很少见到这方印，是否可以说是唯一仅见。这个头像，胖乎乎的，笑眯眯的，很是生动传神。（图14）启先生自己对这方印章也很是欣赏，把此幅作品赠予笔者时，特意说道："你看这方印，像不像？有意思吧？"

还有两幅草书，一是唐代诗人元稹的七绝《白衣裳二首》之一

（112×22cm）："藕丝衫子柳花裙，空着沉香慢火熏。闲倚屏风笑周昉，枉抛心力画朝云。"（图18）另一首写的是宋代诗人吴惟信的《湖上雨吟》："湿了荷花雨便休，晚风归柳澹于秋。一生不作机心事，合转船头对（一作向）白鸥。"（112×40cm，图19）两幅均未署时间，应该是1965年或1966年临近"文革"时书写的作品。风格比较一致，都很洒脱，甚至可以说有一种天真烂漫之气。

《启功韵语》（收入《启功全集》6卷，12页）有七律《自题紫幢寄庐图一首》，序云："赁寓杨氏趣园，庭有双楸，干霄百尺。昔吾宗紫幢居士曾因植楸，取以自号。缅怀遗韵，敢袭嘉名。"诗为："阅遍秾芳识晚妍。锦裁云盖午阴圆。明时妙寄思高躅，乔木衰宗有胜缘。半亩清风聊作主，一春肥卧已贪天。自惊腕底襄阳鬼，又向南柯写绛烟。"现在见到的一幅，尺幅是119×46cm，只写了七律诗句，落款为："自题紫幢寄庐图一首　老壬　启功"，亦未署书写时间，应该也是60年代中期（"文革"前）的作品（图11）。而早在1954年，先生也在一幅扇面上用行书书写了这首诗（见《启功全集》12卷，268页），尽管有书写"语境"和尺幅大小的不同，可以看出，后来的作品确实纯熟、老到多了。

又有一幅基本是草书，116×47cm，书写的是苏轼的名作《八声甘州·寄参寥子》："有情风、万里卷潮来，无情送潮归。问钱塘江上，西兴浦口，几度斜晖？不用思量今古，俯仰昔人非。谁似东坡老，白首忘机。记取西湖西畔，正暮山好处，空翠烟霏。算诗人相得，如我与君稀。约他年、东还海道，愿谢公、雅志莫相违。西州路，不应回首，为我沾衣。""暮山"，现通行本多作"春山"。"约他年"，书写时原作"愿他年"，文意一似可通，但下文有"愿谢公"，不宜重复，所以在旁边补写一个小字"约"（图20）。

草书《夜雨涨波》，47×119cm，写的是南宋诗人葛天民的一首七绝："夜雨涨波高二尺，失却捣衣平正石。天明水落石依然，老夫一夜空相忆。葛天民句　一九六五年十二月十五日　启功书"（图10）

行草书《山川浑厚》（114×46cm）："山川浑厚得其浑，密叶稠节点欲昏。梅鬟梅花浑莫辨，三生石上旧精魂。"（图21）这是启先生一首自题画册的诗。"三生石上旧精魂"为元代以来的成句，元虞集、明孙蒉都曾入诗。

还有两幅书法小品，一是诗稿《自题小乘巷寓庐一首》（36×11.5cm）："卓锥有地自逍遥，室比维摩已倍饶。片瓦遮天裁薜荔，方床容膝卧僬侥。蝇头榜字危梯写，棘刺楱题阔斧雕。只怕筛煤邻店客，眼花撮起一齐摇。"落款"小乘客"，末钤"元白"朱文圆形小印。用行楷书写，十分挺拔端整。（图12）

一是集班固（孟坚）、岳珂（倦翁）语的八言联："简易无威，廉靖乐道；汗漫翰墨，浮沉里间。"字径约一寸又半，行草书，落款为："元伯启功集句并书"，钤白文"启功"印。（图13）

两幅均未署书写时间，应该都是"文革"前的1964年至1966年的上半年。

八言联的上联来自《汉书·刘向传》，下联来自《宝真斋法书赞·杨凝式帖赞》。启先生看来比较喜欢这个联语，在2007年北京师范大学出版社出版的《启功联语墨迹》中，可以看到，仅在80年代中期，先生就三次书写了这个对联。

这批"文革"前的作品中，最值得重视的是临黄庭坚书二种:《松风阁诗》和《阴长生诗》。

行书临黄庭坚书《松风阁诗》书于皮纸，正文后云:"一九六六年三

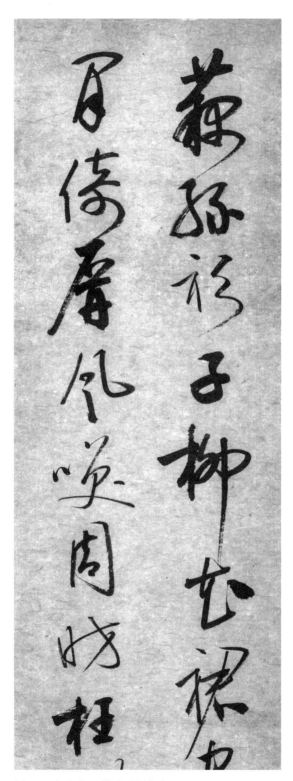

图18　启功书元稹诗（局部）

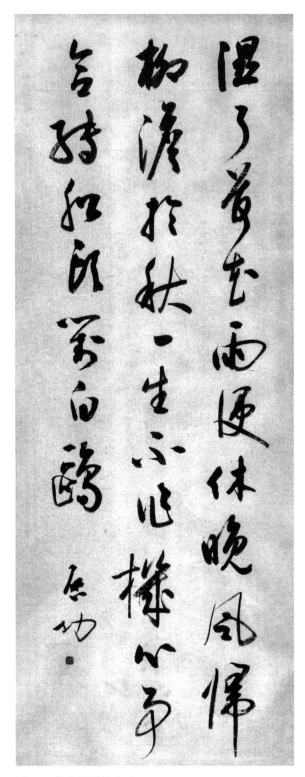

图 19　启功书吴惟信诗

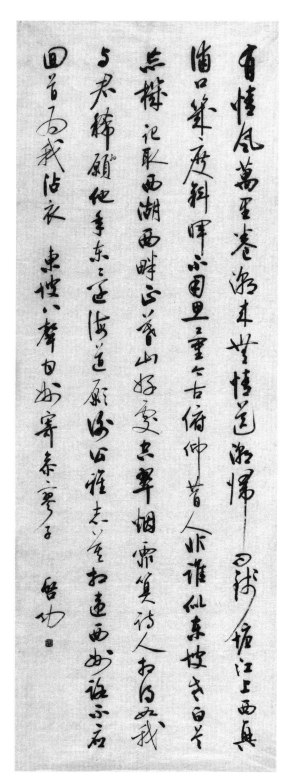

图20 启功书苏轼词

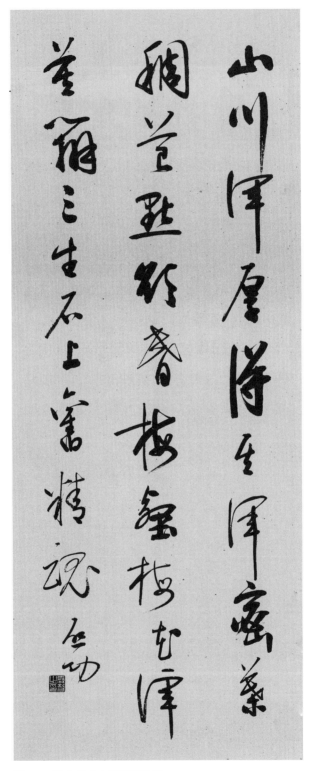

图 21　启功书《自题画册诗》

月晦偶临。启功　□章　黄书全用柳法，但加疏散耳。功再记"。已裱为手卷（472×22cm），曾在 2003 年由北京师范大学艺术学院书法专业主办的"启功先生赠友人书画作品展"中展出，并收入文物出版社 2006 年出版的《启功赠友人书画集》，列于封面、封底的中腰，以显示其精品的地位。（图 16a、b，作品局部）

行书临黄庭坚书《阴长生诗》书于皮纸，46×30cm，共 13 张，未裱。正文后有黄山谷长跋，先生以自己书体（启体）录之，末云："后八百六十九年岁在丙午春暮临秋碧堂刻本　启功时居小乘巷"。（图 17a、b，作品局部）

这两个临本的正文，都是比较严格地依照黄书的风格书写的。这在传世的启功临书中已相当罕见。北京师范大学出版社曾于 2005 年至 2011 年陆续出版以先生居号命名的《坚净居丛帖》，分临写辑、鉴赏辑、珍藏辑三种，其中"临写辑"所收先生临董其昌、苏轼、黄庭坚、八大山人诸帖，基本上均为先生个人风格即"启体"，故而王连起在"读后记"中说："（启功）先生的临帖，这里看到的基本是先生早已形成了自己的体势风格后的作品，已经完全脱离了'规规于形似'的入帖阶段。虽曰临，实际上是遗貌取神，是完全贯注先生自己的艺术再创造。即董其昌所谓'如哪吒析肉还母，析骨还父，自现一清净法身'，所以无论临欧临柳，人们还是望而便知是先生之书。"

然而这两个临本却是明显的黄书风格，真正是"无我之境"，"规规于形似"，即是先生所说："临帖当入无我之境界。临写之法，主要是为了'得势'，……这是要领所在。"（见《启功谈艺录》，91 页）

先生说过："当然初临总要求相似，学会了范本中各方面的方法，运用到自己要写的字句上来，就是临帖的目的。"（《论书随笔》叁）又说：

"甭管什么时候，也甭管临什么字帖，结字和用笔都是临得越像越好，越精越好。"（转引自《启功书画鉴赏》，107页）可见"形似"是先生对临帖的首要标准，他自己也是这样做的。到了后来，个人风格已经形成，临帖犹如戏剧演员"吊吊嗓子"（先生曾对一位学生说："你写一段还要再'吊吊嗓子'（指临帖），就像唱戏的，唱得久了，就容易走板，要吊嗓子才行。写字也是这样。"（见《启功谈艺录》，139页）)，而这种"吊嗓子"，进入的就是"有我之境"，就不一定追求形似了。

现在市面所见到启先生"不规规于形似"的临帖，"许多人便以为先生临帖临得不像，甚至有以此相讥者。"（《启功书画鉴赏》，107页）那只能说这些人没见过启先生诸如《松风阁诗》《阴长生诗》的临本，也更说明这两个临本对于全面认识启功先生临习碑帖的理论与实践的重要性了。

# 传统书论术语"格"及启功先生之运用

## 一

"格",是中国传统书法理论中的一个常用术语,可以说也是一个关键词。

"格"是个多义词,典籍中使用频率很高;而在传统书论中则起码有这样几种用法:(1)一种执笔的指法,即用无名指抵着笔杆使之直立。(2)指习字用的各种大小的框格,如"九成宫格、米字格、井字格"等。(3)书法作品的品位、格调、特色(即艺术风格)。

"格"的这些种用法,看似枝蔓,其实都是从它的本义引申来的。《说文·木部》:"格,木长皃(貌)。"树是从根起往上长的,所以郑玄说:"格,本也。"(《礼记·缁衣》"则民有格心"注)树长欲其直,欲其正,《论语·为政》:"有耻且格。"何晏集解:"格,正也。"这大概是上述(1)义的使用根据。正,则可以为法式,可以量度,《玉篇·木部》:"格,式也。"《文选》李康《运命论》:"其可格之贤愚哉。"李善引《苍颉篇》注:"格,量度之也。"量度则有框格,应是(2)义的由来。再引申则不难产生出"标准""最好的"之类的褒义,《后汉书·傅燮传》:"由是朝廷重其方格。"李贤注:"格,犹标准也。"《尚书·西伯戡黎》:"格人元龟。"孔颖达《正义》:"格训为至,至人谓至道之人。"今言"格言",也是至言,即最好的话语。用于艺事,则指作品的品位、格调、风格,《文心雕龙·议对》:"亦各有美,风格存焉。"贾岛《送贺兰上人》诗:"无师禅自解,有格句堪夸。"陆游《老学庵笔记》卷十:"唐王建《牡丹诗》云:'可怜零落蕊,收取作香烧。'虽工而格卑。"这自然就是(3)的意义范畴了。

本文所谈,大致只涉及"格"的(3)义。

二

传统书论中最早对书法作品进行评鉴的术语是"品",就笔者孤陋所及,似始见于南朝宋泰始年间书法家虞龢的《论书表》:"料简二王书,评其品题。"又:"今各随其品,不从本奉条目纸行。"又:"其中入品之余,各有条贯,足以声华四宇,价倾五都。"其后陶弘景(公元456—536)使用"品析"一词:"逸少得进退其间,则玉科显然可观。若非圣证品析,恐爱附近习之风永遂沦迷矣。"(《与梁武帝论书启》)而庾肩吾(公元487—551)以所作《书品》名世,人所皆知。初唐李嗣真(公元?—696)则有《书后品》之作。

直至盛唐张怀瓘(唐玄宗开元年间至肃宗乾元年间)的《书议》,始见使用"格"字,但并非单用,而是组成复合词"品格""格律"等:"今虽录其品格,岂独称其才能。"又:"逸少则格律非高,功夫又少,虽圆丰妍美,乃乏神气。……"

较为明确地给"格"这一术语做界定的,是明代的赵宧光(公元

1559—1625），他在《寒山帚谈·格调》中说："字有四法，曰骨，曰脉，曰格，曰调。方圆肥瘦，我自能主，谓之骨；缓急从意，流转不穷，谓之脉；取法乎上，不蹈时俗，谓之格；情游物外，不囿法中，谓之调。"

"取法乎上，不蹈时俗"，这不是对任何书迹具象的描绘，而是指书法创作中追求高尚的品位，不阿世，不媚俗。因此"格"成为评判书法作品的一种尺度和标准，可以说是凌驾于"用笔""结体"之上的书法审美的又一个评鉴要素。

在传统书论中，"格"字可以单用：

> 生非其代，痛惜不过。名微格高，复见叔茂。体裁简约，肌骨丰赕。如空凝断云，水泛连鹭。（唐张彦远《法书要录》卷五）
>
> 迩来格卑气弱，无所取裁，逸少之业衰焉。（明项穆《书法雅言》支大纶序）

也多与"调"对举，是"格调"一词的析言：

> 夫物有格调，文章以体制为格，音响为调；文字以体法为格，锋势为调。格不古则时俗，调不韵则犷野。（明赵宧光《寒山帚谈·格调》）
>
> 不拟古无格，不自好无调。无格不立，无调不成。是以有格者多，成功者少，不自好者载道耳。（同上《学力》）

更多的时候是构成双音节的复合词或短语——

（一）"格"在后做中心语

【变格】沈传师变格，自有超世真趣，徐不及也；（宋米芾《海岳名言》）又：唐李嗣真论右军书不同，往往不变格难传其书。乐毅论、太史箴，其体正直，有忠臣烈士之象。告誓文、曹娥碑，其容憔悴，有孝子顺孙之象。（明杨慎《书品》）又：诚悬则欧之变格者，然清劲峻拔，与沈传师、裴休等出于齐碑为多。（清康有为《广艺舟双楫·导源》）

【降格】大都德纯书于晋、唐诸名家罔不该会，第心摹手追者逸少，即稍稍降格，亦不减欧、虞、褚、李。（明项穆《书法雅言·序》）

【品格】是以世议纷糅，何不制其品格，豁彼疑心哉！（唐张彦远《法书要录》卷四）又：第自晋以来，染翰诸家，史牒彰名，缥缃著姓，代不乏人，论之难殚。若品格居下，真迹无传，予之所列，无复议焉。（明项穆《书法雅言·资学·附评》）

【神格】故侧不险则失于钝，钝则芒角隐，书之神格丧矣。（元盛熙明《法书考·圆诀》）又：右军云：纸刚用软笔，纸柔用硬笔。纯刚如锥画石，纯柔如泥印沙，既不圆畅，神格亡矣。书石同纸刚例，盖其相得也。（明项穆《书法雅言·工用》）

【字格】字格之取调，犹人体之加饰，无饰不文，无体不立。又如食物之有五味，五味故不可阙，然不得失其调和。岂惟调和难，即迟速之叙，自有先后。若盐醯齐入，不成享矣。世俗人舍格取调，所谓何暇及此，无学逞妍，皆此类也。（明赵宧光《寒山帚谈·附录二·拾遗》）

【艳格】书有艳格，非学弗知。若学优而资劣，作字虽工，盈舒虚惨、回互飞腾之妙用弗得也。（明项穆《书法雅言·资学》）

【高格】真、草虽并有挑踢，大半从飞白得之，或引带过脉，无一笔虚设。虚设可已，可已不已，已非高格。至若世俗稚笔，全然借挑踢以补其阙漏，即不能除，谓之救药可耳。若惟此是务，未是书也。（明赵宧光《寒山帚谈·格调》）

【卑格】宋人诮王安石写字似大忙中作，不知自家亦坐此病。若持心缜密者，必无野笔。野笔净尽，方入雅调，否则终是卑格。（同上）

【骨格】大抵玩帖人必稍具鉴识，古帖骨格不失，而我胸中自有佳赏快心处，以意逆名家法度，是以但见其好，何疑乎。（明赵宧光《寒山帚谈·评鉴》）

【入格】集羲之帖，惟圣教叙精核无忝，然可摹而不可仿，仿其作用如闺阁处子，无士夫气，集者磨砻饾饤，不得不取其圆整入格耳，何得拟而自拘，岂逸少意乎？（明赵宧光《寒山帚谈·附录一》）又：垂甬无密娄耳车，疏密匀停方入格。（明潘之淙《书法离钩》卷四）

【界格】汉碑三百余种，无前汉者。体各不同，亦各不著名字，后人服膺一刻亦自可。魏三大碑立为界格，已一变矣，去汉未远，古意犹存。（同上卷三）

【形格】然质文之变，自是形格小异，用笔之精，迨今莫之易也，况晋唐而上乎。故知以古为师，虽或不迨，去时人则远矣。（明汤临初《书指》卷上）

【气格】次论气格，莫如疾徐。文之盛在沉郁，文之妙在顿宕，而沉郁顿宕之机，操于疾徐，此之不可不察也。（清包世臣《艺舟双楫》卷一）

【体格】体格谓古今名世。韵调谓作用趋尚。意谓正借古俗。义谓古今得失。（明赵宧光《寒山帚谈·学力》）又：小唐碑中，颇多六朝体，是其沿用未变法者，原可采择，惟意态体格，六朝碑皆已备之。唐碑可学者殊少，即学之，体格已卑下也，故唐碑可缓购。（清康有为《广艺舟双楫·购碑》）又：惟《樊敏碑》在熹平时，体格甚高，有《郙阁》意。《魏元杰》《曹真》亦然，真可贵异也。（同上《本汉》）又：统观诸碑，若游群玉之山，若行山阴之道，凡后世所有之体格无不备，凡后世所有之意态亦无不备矣。（同上《备魏》）又：隋碑风神疏朗，体格峻整，大开唐风。（同上《取隋》）又：颜鲁公出于《穆子容》《高植》，其古厚盘礴，精神体格，悉似《穆子容》，又原于《晖福寺》也。（同上《导源》）又：柳诚悬《平西王碑》学《伊阙石龛》而无其厚气，且体格未成，时柳公年已四十余，书乃如此，可知古之名家，亦不易就。（同上《余论》）

【胎格】慎伯问于顽伯者，通张廉卿之意而知下笔，用墨浸淫于南北朝而知气韵胎格，借吾眼有神，吾腕有力，不足以副之，若以暇日深至之，或可语于此道乎！（清康有为《广艺舟双楫·述学》）

【风格】帖以王著《阁帖》为鼻祖，佳本难得，然赖此见晋人风格，慰情聊胜无也。（清康有为《广艺舟双楫·行草》）

（二）"格"在前做修饰语或并列语

【格调】诗文忌老忌旧，文字惟老惟旧是遵。诗文忌蹈袭，文字亦忌蹈袭。旧与蹈袭故自有分矣，格调、形似之异也。（明赵宧光《寒山帚谈·学力》）

【格势】晁氏云：文字之学有三。其一体制，曰点画纵横也；其二训诂，曰称谓古今雅俗也；其三音韵，曰清浊高下也。殆后篆隶变而行楷兴，复有论格势诸书，是谓四学。（明潘之淙《书法离钩》卷一）又：论格势者，蔡邕笔势论，卫夫人笔阵图，右军笔法论，卫恒四体，索靖书势，李阳冰翰林禁经，张怀瓘书断，郭忠恕法书苑，许归玅墨薮，张彦

远法书要录，蔡嵩法书撮要，黄伯思法帖刊误，米元章书史，及诸家法帖、谱系、翰墨志、记评诀考议皆是也。（同上）

【格式】缩率更、鲁公于分厘之间，运龙跳虎卧于格式之内，精能工巧，遏越前辈。此一朝之绝诣，先士之化裁，晋、唐以来，无其伦比。（清康有为《广艺舟双楫·干禄》）

【格法】比典松江刑狱，始获睹宋仲温之墨迹于翰林归省编修杨廷瑞处，字体略小，格法亦少变，而笔笔皆有古意。（《皇象〈急就篇〉明杨氏刻本跋》，转引自启功《〈急就篇〉传本考》）

【格力】子昂妙在行草，奕奕得晋迹度，所乏者格力不展。（明杨慎《墨池琐录》）

【格致】戏鸿堂摘句《兰亭诗》《张好好诗》，结法率易，格致散乱，而不澜漫者，气满也。（清包世臣《艺舟双楫》卷五）又：是本乃南宋贾拓，纸墨虽劣，而格致如一，可珍也。（同上卷六）

从以上书证可以看出，"格"是历代、尤其是明清以来书法评论家喜用、习用的一个术语，但是多数情况下，是将它作为语素而与其他语素结合成为复音词加以使用。这说明"格"的构词能力非常强，也显示了它在传统书论中的重要地位。

有的书论家对于某些带"格"的术语似有偏好，如"体格"之于康有为，在《广艺舟双楫》中重复使用六次之多。这是比较有趣的。

"风格"一词，南朝梁刘勰的《文心雕龙》已开始出现，而书论用之甚晚。笔者目力所及，只是始见于康有为的《广艺舟双楫》。传统文论与书论的关系，也是值得注意的一种现象。

三

　　众所周知，启功先生对于古代书法理论文章，在一定程度上抱有不以为然的态度。其理由主要是："古代论书法的文章，很不易懂。原因之一是所用比喻往往近于玄虚。即使用日常所见事物为喻，读者的领会与作者的意图，并不见得都能相符。原因之二是立论人所提出的方法，由于行文的局限，不能完全达意，又不易附加插图，再加上古今生活起居的方式变化，后人以自己的习惯去理解古代的理论内容，以致发生种种误解。"（《论书札记·前言》）

　　但是纵观启先生的有关古代书论的全部论述，可以知道上述的意见，是基于三个前提：第一是主要针对古人讲执笔、用笔等书写的具体操作的部分，所谓"握碎此管"（包世臣语）、所谓"笔笔藏锋"之类，启先生对这一类玄奥而不切实用的说法是不赞成的。第二是主要针对宋代以前的那些书法论述，启先生说："到了宋朝以来，论书的文章有比较接近现时的实用的片语只词。"（《破除迷信——和学习书法的青年朋友谈心·参考书》）可见对宋代以后的书论是比较肯定的。第三是对前人所论，不一棍子打死，而是"一分为二"，具体分析，如认为"唐朝孙过庭的《书谱》，比较有些个接近实际。说'带燥方润，将浓遂枯'，这话很辩证，很有用。……可是他说：'古不乖时，今不同弊'这就难了，……你让孙过庭给我们表演一个，怎么就'古不乖时'，怎么就'今不同弊'，恐怕他也没有办法。"（同上）

　　所以我们不能认为启先生对传统书论是绝对否定和排斥的。很有意思的是，他提倡在撰写有关中国书法或文字学文章的时候，应参考和借鉴古人的有关论著。在同一个场合，他还说过："你如果要是写文章、写书，你不妨借鉴旁人作的书，丰富自己的著作。我这不是奚落，不是挖苦，不是告诉人你要抄袭，更不是这样子。你总要有的可说，有的可比较，有一点趣味，有点儿引经据典（有点根据）吧。这个时候你再看古代的书，也增加自己对他句子的理解，也可以丰富自己的著作。"（同上）

实际上，启先生对传统书论下了绝大的学习功夫，有着极其深刻的理解和得心应手的运用。在他的书法论著中，使用古代传统书论审美术语之处比比皆是，对于本书所介绍的术语"格"，也是如此。

"格"在启先生书论中单用，大致有以下几种意思：

一是指规格、标准，如："惟六如居士，……以运斤成风之笔，旋转于左规右矩之中。力不出于鼓努，格不待于准绳，而不见其摹古线索。"（《论书绝句·自注·八二》）又："（康熙、乾隆）以帝王一人之力，欲纳天下之书于一格耳。"（《论书绝句·自注·九六》）

二是指格调，如："又见故宫所收听帆楼旧藏石涛山水长卷题曰'搜尽奇峰打草稿'者，亦有闻远题识云……行草磊落，格在前段陈奕禧跋之上。"（《启功书法丛论·音布墨迹》）又："迺贤，字易之，……元代色目人也。……世传其南城咏古一卷，皆五言律诗，格高韵响，宛然唐音，载在集中。……书风在赵松雪、张伯南、倪云林之间。"（《论书绝句·自注·七五》）（按：此处指迺贤律诗的格调。）

三是指艺术风格，如："盖当时（按：日本天平年间）楷手高品，犹恪守唐格，和样之书，尚未形成也。"（《论书绝句·自注·五一》）

此外当然也使用由"格"构成的各种复合词或短语，如：

【书格】行押徐铉体绝工，江南书格继唐风。（《论书绝句·自注·五九》）又：松雪虽有"须知书画本来同"之句，顾其飞白木石，与书格尚不能一，无论其他画迹，此亦书画变迁中一大转折处。（《论书绝句·自注·七六》）又：风气囿人，不易转也。一乡一地一时一代，其书格必有其同处。（《论书札记》）又：宝刀与美女的特点，是妍和利，岂不是（恽）南田的书格吗？（《书艺承闻录·恽南田》，收入《启功书法丛论》）

【格调】大徐简札墨迹，……笔致犹是唐人格调。（《论书绝句·自注·五九》）又：自唐代僧怀仁所谓"集王羲之书"的《圣教序》出来以后，若干行书作品都受它的影响。即唐人"自运"的行书，也同样具有这种格调。（《从河南碑刻谈古代石刻书法艺术》，收入《启功全集》第3卷）

【规格】世人于董书，或誉或毁，莫非自其外貌著论，而董之由晋唐规格以至放笔挥洒，其途盖启自襄阳，乃信《明史》本传中"书学米芾"之说，最为得髓。（《论书绝句·自注·十八》）又：有清康熙时风行董其昌体，似尚无统一之规格。（《论书绝句·自注·九六》）

【格局】观其（倪瓒）字迹，精警权奇，……按之唐宋法书，亦未见如斯格局者。（《论书绝句·自注·十七》）

【旧格】北宋书风，蔡襄、欧阳修、刘敞诸家为一宗，有继承而无发展。苏黄为一宗，不肯受旧格牢笼，大出新意而不违古法。二蔡、米芾为一宗，体势在开张中有聚散，用笔在遒劲中见姿媚。以法备态足言，此一宗在宋人中实称巨擘。（《论书绝句·自注·十二》）又：多力丰筋属宋高，墨池笔冢亦人豪。详搜旧格衡书品，美谥难求一字超。（《论书绝句·自注·七十》）

【体格】北朝铭石之字，每于真书中杂以篆、隶，即有体格纯一者，亦常于横笔、捺笔作燕尾之波。高齐一代，此风尤炽，求其点画安详风格匀称者，十无一二。(《启功丛稿·艺论卷·跋孟君郁先生所藏碑铭拓本》)

【风格】汉隶风格，如万花飞舞，绚丽难名。(《论书绝句·自注·廿一》) 又：真书自汉末肇端，至今依然沿用，中间虽有风格之殊，而结构偏旁，却无大异。……以艺术风格言，钟繇古矣，而风致尚未极妍；六朝壮矣，而变化容犹未富。(《论书绝句·自注·卅八》)

风格，指艺术风格，是现代汉语的常用语词，在启先生有关文学艺术的论述中经常见到，就不多举例了。

最后需要特别提及的，是与"格"相关的还有一个常用词——"品格"，在唐代张彦远《法书要录》、明代项穆《书法雅言》中，都是作为书论术语加以使用的（例见上文）。但是启先生对于这个词，用得很郑重，一般是针对"人"的，如："碑与帖，譬如茶与酒。同一人也，既可饮茶，亦可饮酒。偏嗜兼能，无损人之品格，何劳评者为之轩轾乎？"(《论书绝句·自注·三十》) 而且似乎更偏重于用"品"字，如《论书绝句·八八》：

坦白胸襟品最高，神寒骨重墨萧寥。

朱文印小人千古，二十年前旧板桥。

在古代数以千百计的众多书法家中，可以说启先生最为推重郑板桥。这不仅因为他的书法结体精严，笔力凝重，"神寒骨重"，独步一时；更由于他能"秉刚正之性，而出以柔逊之行，胸中无不可言之事，笔下无不易解之辞，此其所以独绝今古者"。(《论书绝句·八八》) 当他应邀为《书法丛刊》的"郑板桥专号"撰写《我心目中的郑板桥》时，首先说道："我的腔子里所装的郑板桥先生，却是一大堆敬佩。喜爱、惊叹、凄凉的情感。"所以尽管郑板桥在他的《诗钞》中郑重声明："死后如有托名翻版，将平日无聊应酬之作，改窜阑入，吾必为厉鬼，以击其脑。"但启先生"爱屋及乌"，到处精心搜集郑板桥的遗篇轶作，冠以名曰"《击脑编》"，可见其无上推崇之情怀。

总之，通过"格"这个术语，似可有助于了解启功先生对于传统书论的继承、批判与运用。"举一隅而以三隅反"，这对我们在探索现代中国书法的可持续发展的创新道路上，应该说具有很重要的启迪作用。

# 启功《倪氏杂记笔法》钞本

一

1947 年丁亥正月元宵节，三十五岁的启功先生到年长其十一岁的同道朋友唐兰先生家，借来一部名为《倪氏杂记笔法》的写刻本，回家足足花费了半个月，把全文抄录了一遍。钞本现在已影印在《启功全集》第 18 卷，一共四十二页（图 22）。

《倪氏杂记笔法》标题下有"星沙黄文燮彦和氏录"的字样，当时启先生对倪氏、黄文燮为何许人，均不甚知晓，只是知道此著作是《六艺之一录》一书的一部分，而后者也还没有见到，拟"待借"。直到十四年（钞本说是十五年）后的辛丑（1961 年），他又在钞本上做了如下题记："《六艺之一录》卷三〇三引此书题曰《倪苏门书法论》，《国朝书人辑略》卷二'倪灿'条引，题《倪氏杂记笔法》。倪灿，字闇公，号苏门，康熙间人。此书殆为苏门平时杂稿或谈论之语，黄文燮辑录之耳。"

其实，《六艺之一录》见于《四库全书总目》：

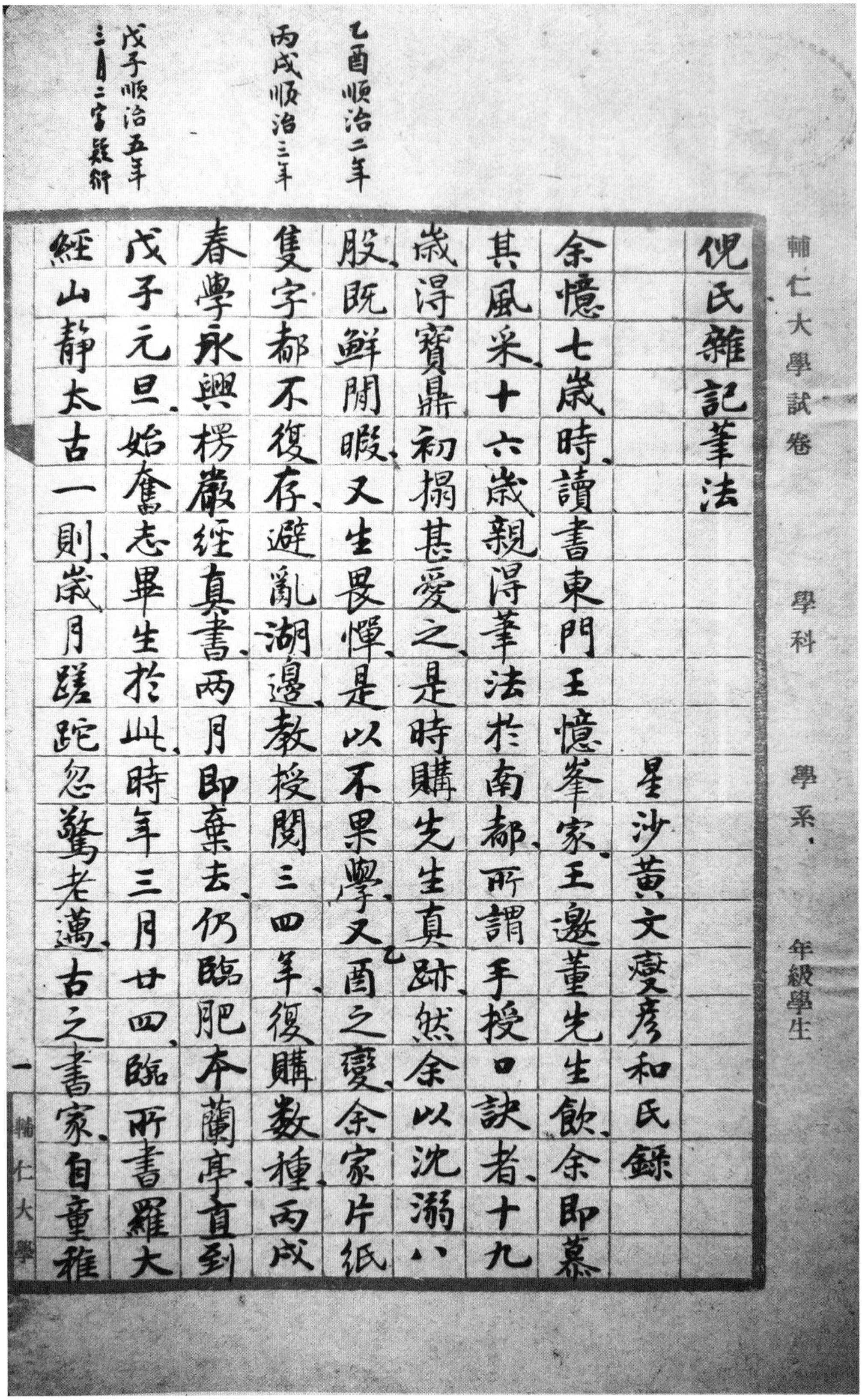

倪氏雜記筆法　　　　　　　　　　星沙黃文慶彥和氏錄

余憶七歲時讀書東門王憶峯家、王邀董先生飲、余即慕

其風采、十六歲親得筆法於南都、所謂手授口訣者、十九

歲得寶鼎初搨甚愛之、是時購先生真跡、然余家片紙

股、既鮮閒暇、又生畏憚、是以不果學、又酉之變、余家片紙

隻字都不復存、避亂湖邊、教授閱三四年復購數種兩成

春學永興楞嚴經真書兩月即棄去、仍臨肥本蘭亭直到

戊子元旦、始奮志畢生於此、時年三月廿四、所書羅大

經山靜太古一則、歲月蹉跎忽驚老邁、古之書家、自童稚

乙酉順治二年

丙戌順治三年

戊子順治五年
三〇二字點衍

辅仁大学試卷

學科

學系、

年級學生

辅仁大學

图22 《倪氏杂记笔法》钞本首页

　　四百六卷，续编十二卷。国朝倪涛撰。涛有《周易蛾述》，已著录。其平生笃志嗜学，年几百岁，犹著书不辍。贫不能得人缮写，皆手自抄录，及其家妇女助成之。是编犹出其亲稿，凡分六集：一曰金器款识，二曰刻石文字，三曰法帖论述，四曰古今书体，五曰历朝书论，六曰历朝书谱。凡六书之异同、八法之变化，以及刊刻墨迹之源流得失，载籍所具者，无不裒辑。其间直录前人成说，不以己意论断。或有彼此异论，舛互难合者，亦两存其说，以待后人之决择。盖自古论书者，唐以前遗文绪论，惟张彦远《法书要录》为详；若唐以后论书之语，则未有赅备于是者矣。虽采摭既多，所录不必尽雅；条例太广，亦未能悉纯。然排比贯穿，上下二千余年，洪纤悉具，实为书家总汇；梗柟杞梓，萃于邓林，不以榛楛勿翦为病也。所著别有《文德翼》《佣吹录注》及《刊削郦道元水经注》，今皆未见其本，不知存佚，然存此一编，其余亦不必计矣。

　　由义州李放（字无放）纂录的《皇清书史》（收于《辽海丛书》，见董治安主编《二十五史外人物总传要籍集成》，齐鲁书社 2000 年 6 月版），成书于清光绪末年（甲辰 1904 年至丙午 1906 年），卷七收有倪涛与倪灿的传略：

　　倪涛，字山友，号崐渠，钱塘贡生，官遂安训导。著《六艺之一录》，四百六卷，分"金器款识、石刻文字、法帖论述、古今书体、历朝书论、历朝书谱"六集，又续编十二卷，见《四库全书总目提要》及《两浙辅轩录》《善本书室藏书志》诸书。按：倪氏此编可谓集书学之大成，然卷帙太繁，竟无副本传播艺苑，殊可惜也。

倪粲，一名灿（燦），字闇昭，一字闇公，号雁园，上元人，原籍钱塘，康熙十六年举人，十八年举鸿博，授检讨。书法得米董之神，与同时名家极类查梅壑。诗文书法秀绝一时。工八法行草书，蚤岁即名重海内。

倪灿《清史稿》卷四八四亦有传：

倪灿，字闇公，上元人，以举人授检讨，撰《艺文志序》，与姜宸英《刑法志序》并推杰构。书法诗格秀出一时，有《雁园集》。

综上，可知启先生抄录的《倪氏杂记笔法》，作者是倪灿，此书是倪涛所撰《六艺之一录》的一部分。而辑录《倪氏杂记笔法》的黄文煐（字彦和）之身世，则尚无可考。

二

所谓"笔法"，是汉字书法的关键词，也是一个重要术语。其含义也很丰富、复杂。简而言之，应该是指执笔与行笔（即用笔）的方法，而行笔则指各种笔画造型甚至包括结字。

这位倪灿先生，七岁时就见到董其昌，十六岁得到董亲授的笔法。不过他所述的"笔法"，主要是他自己历年习书的心得。

倪氏曾用五十六个字概述他的"笔法"："竦左收推，逆戾力束，悬让侧腕，留住在熟。空中抽锋，先快后涩，转处换笔，提取无迹。更有放收，悟此则一；舞剑斗蛇，锋路相逼，锥沙诸喻，古法今出。"并指出：

"余所撰五十六字，乃华亭先生法，即大令外拓法也。内有执笔、炼腕、用笔、取势四法，悟者辨之。"按：董其昌为松江华亭（今属上海市）人，故有"华亭先生"之称。所以他所概括的笔法，是来自董其昌的。

倪氏于笔法强调"取势"，认为："若夫二王，则纯以势胜。势奇而反正，则又秘之秘矣。"他说董其昌曾给一位门生王双白传授笔法，也有"侧笔取势，晋人不传之秘"的话。而"董先生以余年少未授，然每从书家见其说，以为未有不从中锋而得者"。又说："侧笔取势者，于结构处一反一正，所谓'锋锋相向'也。此从运腕得之。凡字得势则活，得势则传。"所以"取势"，涉及用笔和结构，不可谓不重要。得之亦非易事，他自述"余学书十六年，方悟得'势'字；至廿七年，方悟得三折笔锋。"所谓"三折笔锋"，也就是得势、取势："得势即三折锋"，"折分为三，总为取势。"他又引董其昌的话："结字须得势。"认为"得势在字形上论，能留得笔住，不直率流滑也。此等自是不传之秘"。

这部钞本既名曰"杂记笔法"，所以也是比较杂驳的。在以上可以说是核心内容之外，还有一些可资参考的记载——

关于执笔："昔人谓献之作字，羲之从后掣笔不得，叹曰：'是儿终成名。'言其紧也，此恐伪语，殊觉不然。"启先生后来对此传说，也是不以为然，认为谬说。倪氏说自己"学书二十八年，方悟搦管虚松之法。识得此法，虽攒笔头亦不妨矣"。搦管虚松，也是启先生主张的执笔方法。

还有这样的告诫："临小字是日，不得为人写大字；临大字是日，不得为人写小字。若转换数月，笔意飞舞，厥迹既佳，大小亦可任意矣。"

新笔如何使用？有很细致的"秘传"："凡用新笔，以滚水洗毫二三分，胶腥散毫为之一净，……后以指攒圆不可令褊，攒直不可令曲，听干三四日后，剔研上垢，去墨腥，新水浓研，即以前笔饱蘸，不可濡水，仍深三分，随意作大小百余字，再以指攒圆，直候干收贮，量所用笔头浅深，清水缓开，如意中式，然后蘸墨。此华亭秘传也。"

最后还有一个小建议："凡作书时，几上当安笔七八枝，或十余枝，若用时稍不如意，即弃去另换一枝，勿惜小费，致留恶札于世。"

## 三

得此写刻本之时，启先生年方三十五岁。他对此本甚是重视，花费整整半个月加以抄录。在抄录过程中，以自己的文献功底与细心，也发现了原本的一些错讹之处，随文做了眉批。今天看来，也是颇有兴味的。

首先，他把原文纪年的干支，都折算成清代年号的年份，写在钞本上端，如：一页"乙酉之变"，先生上书："乙酉，顺治二年"、六页"乙巳正月"，上书"乙巳，康熙四年"。

其次，纠正原文的错字、别字、漏字之处，如：三页"饱蘸""蘸墨"，先生眉批："两蘸字皆当作蘸，原误。"五页"以腕著指，则笔端有指力无背力也"，先生眉批："著指当是著纸，背力当是臂力，原误。"六页"乙巳春，过昆陵"，先生眉批："昆陵，疑当是毗陵。原作昆。"九页"于米友则唾之矣"，先生眉批："'友'下似敓一字，原误，当有'石'字。"十页"董华亭云：余学书三十年，悟得笔法而能实证者……"先生眉批："按：董氏语本作'不能实证'，此敓'不'字，语义全别，原误。"十四页"（李）太白字天真豪放，逼肖其为人，云，得力于南唐李后主七法。"先生眉批："'云'字下必有脱文，录者误接写之，便似太白得力李后主矣。原误。"这些纠正太重要了。

　　再次，对原文有所考证、评论，如：八页“六书：象形、会意、谐声、指事、转注、假借。发笔处、收笔处、转笔处，皆有口授妙诀”，先生眉批：“‘发笔’以下当另是一条，‘六书’云云，必偶然笔记者误入篇中。”十四页“余见董先（生）刊帖：戏鸿堂、宝鼎斋、来仲楼……十余种，其中惟戏鸿堂、宝鼎斋为最。”先生眉批：“戏鸿乃摹古人法书，岂得与宝鼎等帖并论？”十七页“自有六法以来，皆推（羲献）二人为此道神品。”先生眉批：“字称‘八法’，画称‘六法’，此云‘六法’，误。”

　　最后，有一则评论十分重要，二十页“昆陵王双白云：明朝只有一大家，董元宰是也。下此只有名家。总明朝书家，可与唐宋匹者，一邓太素，二邹衣白，三倪苏门，四陈眉公。……若倪书则笔法秀逸，从董脱胎，于历代之法，蕴蓄宏深而出之简远，不似他人著力。……”对这等借他人之口的自吹自擂，先生加以言词辛辣的眉批：“此王双白誉倪苏门之语，收入书中，岂怀素自叙之类例耶？抑此书非苏门自撰，而为其后人裒集附录者耶？”我们知道，唐代怀素是一位草书大家，其代表作《怀素自叙》人人皆知，但其后半多载当时高官名流对他的褒奖之语，这一点颇为后人所诟病，也是众所周知的。

三　平生景慕

# 元白先生之风谊

　　许是受了《荀子》所云"学莫便乎近其人，学之经莫速乎好其人"（《劝学篇》）的影响，多年以来我颇耽读于我所敬重的学界前辈撰写的有关记人的文章。所记之人，大抵是他们的亲友师长，还有他们或钦仰或鄙夷而总之是值得一提的前人、古人，由此易于窥知他们知人论世的爱憎好恶、价值取向，以及治学著述的门径和方法。当然，愚钝如我者，胸中笔底，未必因此长进多少，但还是乐此不疲，多睹为快。

　　因此，当新近在北京师范大学中文系举办的"启功先生学术思想研讨会"上捧到中华书局新版三卷本《启功丛稿》之后，仍然是挑着先把这一类文章拜读起来，然后书其读后感，——也未始不无"避重就轻"的动机，因为先生其他关于文史艺术等方面的论著，委实博大精深，"浩浩汤汤，横无际涯"，仓促之际，更是令人无法赞一词了。

　　《丛稿》中有关记人的文章，主要集中在《题跋卷》里。其中若干见于 1981 年初版的《启功丛稿》①，但仍令人百读不厌，常读常新。

---

① 《启功丛稿》中华书局初版于 1981 年 12 月，只一册，收入《夫子循循然善诱人》等文章；后于 1999 年 7 月出新版，分为《论文卷》《诗词卷》《题跋卷》三本，记人的几篇均收入《题跋卷》。

这些记人的文章，首先给人印象深刻的是回忆老师的篇什，从中可见启功元白先生的风谊之笃。谈及这一点，众所周知的是他对影响其一生的最大恩师陈垣（援庵）先生的深挚感情。90 年代初，他以年近八旬之身，将历年节俭和义卖书画所得 163 万余元设立"奖学助学基金"，而必以陈垣先生的书屋"励耘"为名，在学界久已成为尊师重教的佳话。饱蘸"信有师生同父子"的思念之情，他在陈先生的百年诞辰之际撰写的《夫子循循然善诱人》，是一篇抒写师生之谊的名作。从中我们可以得知，年轻时因为家境清贫而不得不辍学求职的启先生，如何"自从见到陈先生，对知识的面，才懂得有那么宽，学问的流派、门径，有那么多，初次看到学术界的'世面'是那么广"。（《记我的几位恩师》）又加之自己多年的不懈勤奋努力，终于成为当今学富五车、驰誉中外的学界泰斗。只有中学生学历的启先生，起初由陈垣"推荐"在辅仁大学附属中学教书，两年后被人认为不够中学教员的资格而解聘，陈垣则索性"派"（文中一个"推荐"，一个"派"字，用得真是意味深长）他到大学教本科一年级的"国文"，从此开始他在高等学府至今六十余年的执教生涯。由此可见陈垣对于学生的知人善任之明，这种世所罕见的知遇之恩对于青年启先生的终生影响，自然是不难想见的。还有一个大的人生关节，是抗战胜利后有一位从政的前同事邀他去当官，他去向陈老师请教，由此有一段精彩的对话：

老师问："你母亲愿意不愿意？"我说："我母亲自己不懂得，教我请示老师。"又问："你自己觉得怎样？"我说："我'少无宦情'。"老师哈哈大笑说："既然你无宦情，我可以告诉你，学校送给你的是

聘书，你是教师，是宾客；衙门发给你的是委任状，你是属员，是
官吏。"

不啻"片言折狱"，一个超一流的世界级大学者就这样被保住了。自然，
这首先是由于本人的"少无宦情"。治学和"宦情"是否可以两全，似乎
困扰过古今中外的不少知识分子，道理原来也可以这么简单。

至于在《记齐白石先生轶事》、《记我的几位恩师》（陈垣之前是贾羲
民、吴镜汀、戴绥之诸先生）、《溥心畬先生南渡前的艺术生涯》诸篇中，
通过深沉而生动的回忆和记叙，也都能使我们领略这些前辈教书育人、
勤勉敬业的轨范，尤其是齐、溥二位的艺术大师风采。

朱光潜先生说过："从孔孟以来，中国士林向奉尊师敬友为立身治
学的要道。……师弟向不列于五伦，实包括于朋友一伦里面，师与友是
不能分开的。"（《朱光潜全集》，安徽教育出版社 1987 年 8 月版）作为学
者和艺术家的启先生，才华绝伦而谦和平易，是奉行尊师敬友的要道的
楷模。在我的印象中，他与现当代学术界（艺术界我则不甚了了）的几
乎所有的精英人物都有交往，而且均非泛泛之交。例如我在中山大学读
研究生时的老师容庚希白先生，就曾不止一次跟我说过："元白先生是我
几十年老友。"犹记得 1979 年古文字研究会第二届年会在广州召开，我
陪同远道而来的启先生登门拜访容先生的情景。两位老人多年阔别、一
旦重逢（而且经历了十年动乱浩劫甫毕）时的欣喜与激动的神情，是我
难以忘怀的。这些多数都是年长于启先生的前辈（如容先生长于启先生
十八岁），与启先生的关系，恐怕大半也正在师友之间。《丛稿·题跋卷》
中《捅马蜂窝》谈及与唐兰立庵先生论诗文声律，《读〈静农书艺集〉》
谈及与台静农先生的"平生风义兼师友"，皆为这种关系的极好注脚。

《〈叶遐庵先生书画集〉跋》更是一篇记述师友之伦的字字珠玑而又"字字都是血和泪"的挚情文章，试读如下一段：

> 昔当先母病剧时，功出市附身之具，途遇高轩，先生执功之手曰："我亦孤儿也。"言次泪下沾襟。其后黑云幻于穹苍，青虫扫于草木，绵亘岁年，而先生亦长往矣。
>
> 今裂生纸，草短跋，涕渍行间，屡属屡辍。虽然，纵果倾河注海，又讵能仰报先生当年沾襟之一掬耶！

有谁能读到这样的文字而不肃然动容！这种自然表露、细致抒发悲怆与思念的文章，我认为是足可比肩于韩愈的《祭十二郎文》、归有光的《项脊轩志》的。如果了解叶、启两先生都在 1957 年遭受"派曾右"（《丛稿·诗词卷·自撰墓志铭》）的不公正待遇，从此步入坎坷，就更能感受到"黑云幻于穹苍，青虫扫于草木"的深刻内涵了。

《丛稿·题跋卷》中还有不少关于古代书画家的行藏记述与艺术评论。似乎可以看出，启功先生对郑板桥有最不一般的评价。在《我心目中的郑板桥》一文里首先就自陈他对郑板桥怀有"一大堆敬佩、喜爱、惊叹、凄凉的情感"，这恐怕是针对郑板桥的人品人格（"人道主义""天真多于世故"）、艺术创作（其名声"到了今天已经跨出国界"）、少年时代接触其作品的特殊感受（"读到《道情》，就觉得像作者亲口唱给我听似的"；"及至读到《家书》，真有几次偷偷地掉下泪来"）等方面而留下的综合印象。文中又引述了他在《论书绝句》赞颂板桥先生的诗后小注里的一段话：

　　先生之名高，或谓以书画，或谓以诗文，或谓以循绩，吾窃以
为俱是而俱非也。盖其人秉刚正之性，而出以柔逊之行，胸中无不
可言之事，笔下无不易解之辞，此其所以独绝古今者。

一种看法而两次介绍给读者，可见启先生之慎重与自必。更有意思的是，
在"启功先生学术思想研讨会"上，北师大中文系教授郭预衡先生当着
启先生的面，将这一段话移以评价启先生本人，而先生似不以为忤。如
果把其中的"循绩"一词改为"教绩"，是否更为恰切一点？

　　对于明代吴门文艺大师如沈周（石田）、文壁（徵明）、唐寅（伯
虎），也是首先从人品着眼，肯定他们"从来没有靠贬低别人而窃登艺术
宝座，更没有自称大师而忝居领袖高名"（《文徵明原名和他写的〈落花
诗〉》）。文中叙及当时有人伪造他们的书画，而他们为了成全贫穷朋友，
"宁肯在拿来的伪品上当面题字，使穷朋友多卖几个钱，而有钱的人买了
真题假画，也损失不到多么巨大。而穷苦小名家得几吊钱，却可以维持
一时的生活。"类似伪作的事情，作为当代书画大家的启先生，自然不乏
其遇，而先生也能持宽容态度，发扬这种被前人认为是可称赞的美德。
只是时代不同了，处理方式容或不同而已。卷中又收有《文徵明之风谊》
一文，对文氏的笃于师生之情谊大加赞赏，更令读者不难看到作者自身
的影子而感会于心；故而本文的篇名，即仿此而拟定，想必不致过于唐
突吧。

　　拈此数例，可知《题跋卷》所涉及对古人前人的品藻，皆非率尔不
经意之作，即此一点，就不是一般的学术著作了。

　　《丛稿·题跋卷》字里行间，处处充溢着时下已然较难寻觅的传统人
文主义精神，而且绝对是中国特色的。我所理解人文主义的本义，就是

注重人对真善美的追求，以及在此基础上对于人的价值的肯定。而现代中国知识分子对真善美的追求，首先体现在对中华民族优秀历史文化的认同、学习与发扬光大。《丛稿》中凡对前辈时贤的肯定，大抵总是不乏这方面的内容。例如《夫子循循然善诱人》专门有一节"对中华民族历史文化的一片丹诚"，回忆陈垣先生在这方面的高风亮节乃至"苦心孤诣"，限于篇幅不能展开具体介绍了。这一节文字有如下的结束语："中华民族的历史文化是民族的生命和灵魂，更是各民族团结融合的重要纽带，也是陈老师学术思想中的一个重要组成部分，甚至可以说是个中心。"又在《〈叶遐庵先生书画集〉跋》中这样描述叶恭绰先生留给他的深刻印象："先生于中华民族一切文化，无不拳拳注念。每谓民族兴衰，文化实为枢纽。而伦理道德、科学技术，罔不在文化之域中。未有无知无识，独能卓立于强邻之间而不遭覆灭者，乃知先生深心之所在焉。""中华文化之兴替，实有系乎民族之安危者。"由此也可以发现启功先生的学术思想的渊源。他的"深心之所在"，也是对中华民族历史文化有着最深切的认识、最浓厚的感情。他以毕生的精力和全部的才华，学习、研究、诠释、弘扬中华民族历史文化，教书育人，勤奋创作，不断为中华民族历史文化宝库增添着新的财富。

1999 年 10 月 27 日《中华读书报》报道"启功先生学术思想研讨会召开"，加给启先生的头衔有："我国著名的文献学家、中国古代文学史家、古代文物鉴定家、书法家、北京师范大学中文系教授、博士生导师"；这些照我看来还是很不完全的，例如起码还须添上"语言文字学家、国画家、诗人"等等。就"史家"而言，他的成就也并不限于"中国古代文学史"，他能被顾颉刚先生点将参与中华书局"二十五史"点校之役，非正宗完全的"历史学家"而何？当然这篇报道的提法还是不失得体的，简短的消息自然无法介绍无遗。由此可见启功先生也是"于中华民族一切文化，无不拳拳注念"，方面之广，当代健在的学者，应该说"罕与其匹"。这是他牢记恩师陈垣先生关于"作一个学者必须能懂得民族文化的各个方面；作一个教育工作者，常识更须广博"的教导（《夫子循循然善诱人》），孜孜向学数十年如一日的结果。此外还有天赋的超人资质（记忆力、领悟力、创造力、表达力……），则是后学晚辈"盖难言之"，不敢多所饶舌的。

三卷本的《启功丛稿》，其所建树于中华学术之林，借用《〈东海渔歌〉书后》(《题跋卷》) 的一句话来说，实可谓"搜已坠之绝绪，振民族之光辉"，对于青年学子的滋养与嘉惠，对于传统人文精神的回归与光大，必将具有不可估量的深远影响。本文所及，不过九牛一毛、尝鼎一脔而已。

[ 刊于《书品》2000 年第 1 期 ]

# 启功与黄庭坚

启功先生的《论书绝句》六七是对黄庭坚的评论："字中有笔意堪传，夜雨鸣廊到晓悬，要识涪翁无秘密，舞筵长袖柳公权。"自注云：

> 黄庭坚书，以大字为妙，其寸内之字，多未能尽酣畅之致。行书若松风阁诗，阴长生诗；草书若忆旧游诗，廉蔺列传，青原法眼录，皆字大倍一寸，始各尽纵横挥洒之趣。
>
> ……仆尝习柳书，又习黄书，见其结字用笔，全无二致。用笔尽笔心之力，结字聚字心之势，此柳书之秘，亦黄书之秘也。
>
> 黄书用笔结字，既全用柳法，其中亦有微变者在，盖纵笔所极，不免伸过，譬如王濬下水楼船，风利不得泊。此其取势过于柳书处，亦其控引不及柳书处也。

启先生对黄书似乎情有独钟，下过很大功夫，曾经制作了一份"黄书分类表"（图 23）：

      ○松风阁诗

      ○○伏波神祠诗刘宾客诗

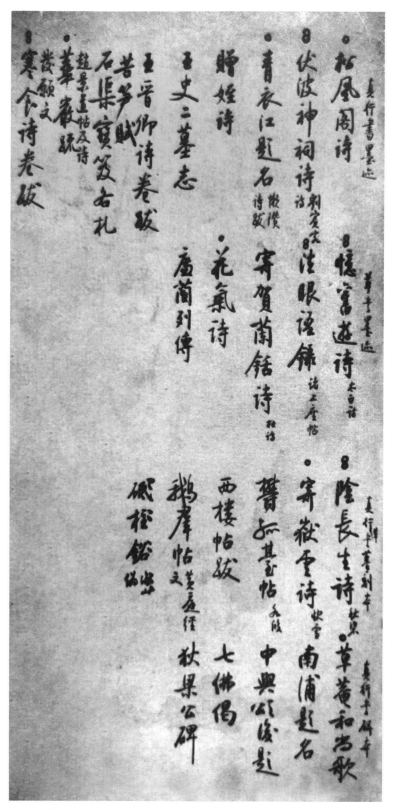

图 23　黄书分类表

|  |  |
|---|---|
|  | ○青衣江题名懒瓒诗跋 |
|  | 赠姪诗 |
|  | 王史二墓志 |
| 真行书墨迹 | 王晋卿诗卷跋 |
|  | 苦笋赋 |
|  | 石渠宝笈各札 |
|  | 赵景道帖及诗 |
|  | ○华严疏 |
|  | 发愿文 |
|  | ○○寒食诗卷跋 |

|  |  |
|---|---|
|  | ○○忆旧游诗太白诗 |
|  | ○○法眼语录诸上座帖 |
| 草书墨迹 | 寄贺兰铦诗杜诗 |
|  | ○花气诗 |
|  | 廉蔺列传 |

|  |  |
|---|---|
|  | ○○阴长生诗秋碧 |
|  | ○寄岳云诗快雪 |
| 真行草书 | 郁孤台帖各段 |
| 摹刻本 | 西楼帖跋 |
|  | 鹅群帖黄庭经文 |
|  | 砥柱铭海山伪 |

〇草庵和尚歌

南浦题名

真行书碑本　　中兴颂后题

七佛偈

狄梁公碑

此表今刊于《启功全集》第 18 卷《批跋》，共分四类：真行书墨迹、草书墨迹、真行草书摹刻本、真行书碑本。如有别名（如"法眼语录"又名"诸上座帖"）、出处（如"秋碧"指秋碧堂，"快雪"指快雪堂），均列于篇名之下。又或于篇名上加圈，以示佳作或名气大者，加二圈为尤佳者。

对于黄庭坚晚年的代表作《松风阁诗》，启先生甚为喜爱，致力尤深。曾于"文革"前夕的 1966 年 3 月手临一过，可谓惟妙惟肖，曾于 2003 年"启功先生赠友人书画作品展"展出，文物出版社收集其展品出版《启功赠友人书画集》专册时，将其局部作为封底封面以示重视，可见当为启先生临书之精品。70 年代后，先生依然对黄书此帖念念不忘而继续研究，在《论书手札》还有两页记录着他的手批云："武昌松风阁诗作于崇宁元年，时山谷五十七岁。'张侯何时到眼前'，谓张文潜也。"按：张文潜即张耒，黄庭坚挚友。又批："此卷前有一宋印文曰：'台州□□县抵当库记'，此印本较原迹略有展大。"再批："此卷共用纸四张，前三张每张书八行，后一张只存字五行，疑原有款识，元祐党禁后割去耳。"此外，对此帖亦有所批评："此老执笔高悬腕而书，故时有失误，或笔画不到处，不得不加描补，此所以招致'描字'之讥耶？描笔明显处，如'筵'字、'旋'字之捺脚处，如'氊'字'亶'旁第二笔等皆是。"

对黄庭坚书《阴长生诗》也是比较喜欢。《启功全集》第 5 卷中收有《秋碧堂刻黄山谷书阴长生诗跋》，撰于 1976 年，不知跋于何处、何版本，笔者购有一册以清代康熙朝拓本为底本的《秋碧堂法书》，附有林志钧《秋碧堂法书考》的手迹影印，却未见附启先生的这篇《阴长生诗跋》。

这篇《诗跋》不长，全文如下：

> 右真定梁氏秋碧堂刻本黄山谷书阴长生诗。此诗墨迹，字字剪开，缀凑成卷，见文衡山《甫田集》，云："必是大轴，经庸人装截。"其后又改装成册，见安麓村《墨缘汇观》。其辞句次序，各家所记，如都元敬《南濠居士文跋》、汪玉水《珊瑚网》，与此帖互有异同，殆各以己意诠次者。不见原迹，不知剪痕何若也。曲阜孔氏《玉虹鉴真帖》亦刻有此诗，字句与秋碧本相同，知梁氏以来，装裱次序如此。山谷自跋言："忠州丰都山仙都观朝金殿西壁，有天成四年人书《阴真君诗》三章。余同年许少张以为真汉人文章也。以予考之，信然。"其原委见董逌《广川书跋》。广川云："丰都宫阴真人祠刻诗三章。唐贞元中刺史李贻孙书。元丰四年转运判官许安世即祠下尽阅其石，谓此三诗真阴氏作，如还丹等，皆后人托之。乃属知夔州吴师孟书。既成，送观中，于是尽破毁其余石，故今世不得传。余尝得旧石本，然独存此也。"山谷所见为天成四年人书，与贞元、元丰俱不合，不知歧异之故何在。亦不知少张是否许安世之字也。至于许安世谓此三诗真阴氏作者，乃较观中其他文字而言，谓还丹等为依托者也。山谷云："许少张以为真汉人文章。"又云："考之信然。"语成确凿，翻滋读者之惑。传述之难，有如此者。山谷此书乃赠王泸州之季子者。文衡山云："王泸州，名献可，字补之，时帅泸州，遣其少子至黔省山谷，故有是赠。"绍圣四年，山谷年五十又二。黄书全用柳诚悬法，而出以动宕，所谓字中有笔者，亦法书之特色也。

柳书必大字始极其笔势，小字虽《金刚经》亦拘挛无胜处，黄书亦
然。此帖用笔能尽笔心之力，结字能尽字心之势，亦书家之一秘焉。

临于 1966 年年初的《阴长生诗》，书后题记："后八百六十九年岁在丙
午春暮临秋碧堂刻本　启功时居小乘巷"。现在遗留的作品也是临书于皮
纸，35×30cm，一共 13 张，未裱。启先生对黄庭坚的这件作品同样下了绝
大的临摹功夫，而且印象深刻。时过近三十年，还念念不忘，1993 年 11 月
的一天，他有一个关于碑帖的谈话，首先就提到："黄庭坚有一个好帖，叫
《阴长生诗》，四川的丰都城是阴王城，是姓阴的王，地阴王长生不老有阴
王殿，这帖的字写得很好。"（《启功年谱》，247 页）临书作品中对黄庭坚
原作正文的体势与风格，都有十分忠实的体现，可谓"形神皆备"。黄庭
坚在诗后有一长跋：

> 忠州丰都山仙都观朝金殿西壁，有天成四年人书《阴真君诗》三
> 章。余同年许少张以为真汉人文章也。以予考之，信然。因试生笔，
> 偶得佳纸，为钞此诗，以与王泸州补之之季子。观阴君所学，守尸法
> 耳，犹须择师勤苦如是，乃能得之，何（按：启书脱此字）况千载之后
> 尚友古人求知道德之工宰者乎？　绍圣四年四月丙午黔中禅月楼中书

启先生只是在录写这段跋文并题记时，用了自己的字体，已经是相当成
熟的"启体"了。

我们现在以上述《秋碧堂法书》所收黄庭坚书《阴长生诗》的原貌，
对比启先生的临书，惟妙惟肖，神完气足，可知先生的临写功力之深厚，
实在不是一般人能达到的。

# 启功与郑板桥

对于中国历史上的艺术家，启功先生最为喜欢、评价最高的，大约莫过于清代的郑板桥了。

他曾经写过一篇专文，题为《我心目中的郑板桥》（收于《启功全集》第 4 卷；以下引文，如非另述，均出该文）。文中说到有朋友问他为何爱读《郑板桥集》："它的好处在哪里？"他只回答了三个字："我懂得。"

这里的"懂得"，首先是郑板桥作品中所体现的人格。启先生十几岁时就买了一小套影印的《郑板桥集》，"读到《道情》，就觉得像作者亲口唱给我听似的"，特别亲切，"及至读到《家书》，真有几次偷偷地掉下泪来"。他感伤于自己在祖父病中和逝后，只能到他人的家塾中去附学，寄人篱下，滋味很不好受，所以看到"《家书》中所写家塾主人对附学生童的体贴，例如看到生童没钱买川连纸做仿宋本，要买了'无意中'给他们"，他特别感动，认为"这'无意中'三字，有多么精深巨大的意义啊！"这是秉性善良的人，才能体会到的他人的善良之处。

其次是郑板桥的书法，尽管许多"正统书家评论"为"俗"，他却觉得远超与之同时的乾隆名家"成（亲王）刘（墉）翁（方纲）铁（保）"，他评论"板桥的行书，处处像是信手拈来的，而笔力流畅中处处有法度，特别是纯联绵的大草书，有点画，见使转，在他的各体中最见极深、极高的造诣"。

启先生的代表作之一是陆续写成的百首《论书绝句》，其中第八十八首即是咏郑板桥的："坦白胸襟品最高，神寒骨重墨萧寥。朱文印小人千古，二十年前旧板桥。"不光是论书法，而是首先从人品切入，这在百首绝句中可谓特例，而且评为"品最高"。这"品"，既是书品，更是人品。中国传统对人的评骘，最重"品"字。品，即品位、格调，包括人品、文品、艺品，"品最高"这三个字，不是轻易能下的。

在此诗的说明文字中，对"品最高"做了比较具体的阐述："先生之名高，或谓以书画，或谓以诗文，或谓以循绩，吾窃以为俱是而俱非也。盖其人秉刚正之性，而出以柔逊之行，胸中无不可言之事，笔下无不易解之辞，此其所以杜绝千古者。"是"刚正之性"与"柔逊之行"的结合，加之心胸坦荡，"无不可言之事"，又善于文字表达，"笔下无不易解之辞"，所以，"二百数年来，人无论男女，年无论老幼，地无论南北，……国无论东西，而不知郑板桥先生之名者，未之有也。"对于板桥先生的夸赞，真是不吝美词，不遗余力，实可谓二百余年来的一大至诚知己。

启先生还指出："板桥的名声，到了今天已经跨出国界。随着中国的历代书画艺术受到世界各国艺术家和研究者的重视，一位某代的书画家，甚至某家一件名作，都会有人拿来作为专题加以研究，写出论文，传播于世界，板桥先生和他的作品当然也在其中。"

启先生不仅仅止步于对板桥先生的文字上的赞美，还有一个实际行动是多年来搜集板桥遗诗遗文，集成一部《击脑编》，副题即是"郑板桥集外诗文"，署名"启功抄辑"。这项工作不知起于何时，想来不至于太晚，因为需要长期留意、广为搜罗，没有相当一段岁月时日是难以毕其功的。此事他曾自述是"偶翻《壮陶阁书画录》，见有板桥题所画兰竹菊花帐额词，调寄《一剪梅》。……因大笑而录之。自此见板桥佳什，辄随手抄存"。完成的时间应该是撰写《郑板桥一剪梅词》（收入《启功全集》第4卷）的1962年12月。当然还不能排除他在这之后的继续收集和抄存。我于70年代初结识启先生之时，见他已经在抄录成稿，并且邀我共同观赏板桥逸作，他还笑眯眯地给我朗读《郑板桥集·诗钞·后刻诗序》最后的一段话："板桥诗刻止于此矣，死后如有托名翻板，将平日无聊应酬之作，改窜阑入，吾必为厉鬼以击其脑！"说这就是他将这部板桥逸著命名为《击脑编》的缘由了。

启先生对郑板桥这段话是不以为然的，说"读之令人发笑"。因为"改窜固可恨，但应酬之作果出己手，又何至于如此可怕。且吾所见其题画之诗，尽有佳作，非尽无聊也"，所以"颇疑必于惧遭窜改之外，尚或别有故焉"。（《郑板桥一剪梅词》）

由于郑板桥是这么一位中国美术史、书法史上的重要人物，搜集并出版其遗逸作品其实是一件很重要而且很有意义、很有价值的工作。《击脑编》共计收录郑板桥散佚诗文四十七篇、则，俱加以标题。有的一篇如题为《杂书四则卷》，是一幅手卷，可知即有四则，字数达到八百七十之多，而中国书店于2007年将此手卷作为《中国古代书法经典》的"郑板桥卷"彩色出版，题为《扬州杂记》，目为"郑板桥的代表作品"（见杏林所撰前言《郑燮〈扬州杂记〉》），可见《击脑编》内容之丰富、分量之可观，也说明了启先生辑佚工作的意义和价值。

先生所辑板桥逸作，均列来源（如画幅、字幅）出处（如某博物馆或藏家所藏），并一一录出作品所钤印章；如有缺项，亦必说明，如曰"印章失记"，十分严谨。有趣的是，间或还做一点小小的考证，如在这一篇《杂书四则卷》中板桥自叙其与一位饶姓少女一见钟情，终成眷属，所以启先生在卷子最后跋曰："《集》中《家书·潍县署中与舍弟墨第二书》云：'可将此书读与郭嫂、饶嫂听。'所谓'饶嫂'，即此人也。"

启先生自称准备"拌出我的天灵盖，为板桥收拾其当时一切不能不吐，而又不便自存之作，以安其心魂，板桥果自有知而能来击脑，或亦将放下敲棒而会心默许乎？"（《郑板桥一剪梅词》）

目前，《击脑编》可能尚未引起喜爱郑板桥的艺术家和研究者们的注意和重视。我们希望有关出版部门在出版新的《郑板桥集》时，能将启功先生辛苦收集、编就的《击脑编》全文收入，加以必要的文字说明，以使广大读者和研究者共享启先生的这一成果。

启功先生除了作为板桥先生的百载知己，也不愧为其不二功臣。板桥先生在九泉之下，如果见到《击脑编》，恐怕只会"会心一笑"，怎么会忍心"为厉鬼以击其脑"呢？

[作于 2021 年 2 月]

# 启功与汪中

持将血泪报春晖，文伯经师世所稀。

褉帖卷中瞻墨迹，瓣香应许我归依。

——《论书绝句》八九

在有清一代的学者中，启功先生对汪中（字容甫，1744—1794）最为推崇。他认为："汪容甫，学极精，才极妙，遭遇最酷，而气味最纯；著述不炫博，文章不炫富，立言常自肺腑流出，对面骂人，亦自天真可喜。"（《记汪容甫书札》，《启功全集》卷4，53页）

启先生自述"十六（岁）始受教于吴县戴绥之师，获闻江都汪容甫先生之学。"（《论书绝句·自注·八九》）启先生赞赏汪容甫，首先是因为自己与他有相同的幼年经历："余襁褓失怙，备历迍邅，十七岁新春时，初涉琉璃厂书摊，买回《述学》二册，读至'与剑潭书'，泪滴行间，盖于容甫先生，又别有感会敬慕者也。"（同上）

在另外一篇关于汪中的文章中，他又说："容甫先生，吾最景慕，所谓恨不顶而戴之者。"（《汪容甫先生遗文》，《启功全集》卷4，191页）评价至此，可谓无以复加了。

公元 2002 年，启先生已经整整九十岁高龄，这年 4 月下旬，他还应江苏省扬州市政府的邀请，赴扬州讲学，在《启功年谱》中留下了浓墨重彩的一页：4 月 28 日，先生讲的题目是《清代时政与扬州文化》。"讲课一个多小时后，又坐轮椅拜谒了汪中墓，在墓前恭恭敬敬地鞠了三个躬。陪同朋友问他为什么这么恭敬？他说这是祖师爷，我们所学东西的祖师爷。他说：

> 我二十岁时用自己的第一份薪水买的第一部书，就是汪中的《述学》。因为我小时候，就从别人那里看到过这部书，知道汪中和我有同样的经历和同样的感触，从内心里引起我深深的共鸣。汪中也是早年丧父，家中贫困到母亲不得不带着他讨饭的地步，每到寒夜时，母子只得相抱取暖，不知是否能活到天亮。汪中在给汪剑潭的信中曾动情地说过这样的意思：大凡为寡妇者多长寿，但等到儿子大了，能供养母亲时，即使有参苓粱肉也无补于她即毙之身了。他还痛切地谴责过夫死妇不得再嫁制度的不合理性。这一切都与我有同感，使我十分感动。"

启先生所讲述汪中小时候悲惨凄苦的遭遇，见于《述学·补遗·先母邹孺人灵表》(李金松：《述学校牋》，中华书局 2014 年 7 月版)：

> 直岁大饥，（母）乃荡然无所托命矣。再徙北城，所居止三席地，其左无壁，覆之以苫，日常使姊守舍，携中及妹傫然匃于亲故，率日不得一食，归则藉藁于地。每冬夜号寒，母子相拥，不自意全

济。比见晨光，则欣然有生望焉。

读到"冬夜号寒，母子相拥，不自意全济"这样的文字，怎能不让有类似境遇的启功先生潸然泪下呢？

至于提到"汪中在给汪剑潭的信"中的那一段话，则见《述学·别录·与剑潭书》：

> 以中所见，大抵为寡妇者必寿，其子苟成也，则家必昌，虽贫也必孝，此天道之可知也。然……洎其子成人授室，门户再造之日，方思从容颐养，以娱暮年，而精力奄亡，苶然槁木，参苓粱肉，无补于既敝之身。

启先生读汪中此信的当时，是"泪滴行间"；直到九十岁的晚年，还能将信中的这段文字用白话复述出来，竟是与原文若合符契，可见启先生超人的记忆力，也可见年轻时读过的这段话留给他多么深刻的印象了。他自己也是年幼时与守寡的母亲艰难度日，他对母亲也是"虽贫也必孝"，而到他后来事业大成、"门户再造之日"，曾经相依为命、无限挚爱他的母亲竟早已与他天人永隔了，所以这成了他心中永远的痛！

启先生对汪中的书法，也是持肯定的态度，指出："容甫先生书学怀仁《圣教序》，无赵、董气，更无馆阁气。"同时，汪中还有一个特点是笔下慎重，"不妄落笔"："余于前贤笔迹，夙所留心，墨缘眼福，亦不为不富，而先生书迹，所见寥寥可数，亦以见其不妄落笔也。"（《记汪容甫书札》）

收于《启功全集》第 4 卷的《汪容甫先生遗文》，虽然不长，却很有意思，除了前引先生对于汪中的景慕之情外，还可以指出三点，一是看出并判断汪中此段遗文实乃两则读书笔记的合一；二是先生尽管推崇、景慕汪中，但也指出其"大德一眚"，即批评司马迁时"少一转语"，造成"其论之未周"，这不是对前贤的求全责备，而是"吾爱吾师，而尤爱真理"精神的体现；三是从"世传《亢仓子》一书之伪"和"世传《鹖冠子》一书之伪"出发，抒发了一段感慨：

> 先秦学术师生相传，竹帛难得多凭口授。或师有其本，弟子承学，受而传之，有所记录，往往即书简册之后。非如今人之有著作权，虽一言片语，必加标注者。诸子与儒书，莫不皆然。杂见错出，往往而是。只可以其时之言论辨精粗，不易以其书之体例辨真伪。

这段话揭示了中国学术史上一个非常重要的事实：由于书写工具与载体的限制，上古典籍的肇端、成书与作者的署名，往往存在很复杂的情况，这就是 20 世纪上半叶产生"古史辨"学派以及后来又有"走出疑古时代"主张的缘由所在。启功先生寥寥数语，对学术史这一现象予以揭示，可谓要言不烦，切中肯綮。

# 走近先生

外篇

# 杂忆启功

　　这是三十五年间与启功先生结交的回忆，但是留在脑海中可以笔之于书的，俱是片段，并无系统，若干小标题，长短不一，只是"杂忆"而已。

　　另有若干片段已经写在专文《回忆作为语言文字学家的启功先生》中，此处尽量不重复了。

　　先生已去，风范长存；謦欬所及，永志不忘！

## 缘　起

　　谈到我与启功先生的结识与三十五年相交的情缘，我想应该从我中学时代读过的一篇文章说起。

　　1965 年，我是家乡福州第一中学住宿的高三学生。由于家庭、邻居、亲友及社会氛围的影响，对传统汉字书法饶有兴趣。家里藏有一部线装十卷十册的《淳化阁帖》，被我带到学校时常摩挲翻阅，——当时准备高考的高三学生居然可以如此闲暇自在，现在简直是不可想象的。尽管那时的高考，录取率极低，也就是百分之一，哪像现如今竟高达百分之八十（而且社会重视无比，那几天一切让路，甚至萌发出什么"高考经济"）呢；但是我们那时对待高考，居然是毫不惧怕，居间平时，该干什么还干什么。像我平时就爱看课外书，浏览各种报纸、杂志，也还是照样几乎天天到学校的阅览室去。

且说某一天（大约是 6 月间，离高考可是很近了）看到《光明日报》整版发表郭沫若的一篇大文章：《由王谢墓志的出土论到兰亭序的真伪》，把我一向崇拜的王羲之所书《兰亭序》说成是伪作，真是颠覆性的震撼！那时并不知以前也有人如李文田就对《兰亭序》提出过怀疑。其后论辩文章陆续登出，赞成者、反对者均有。此前我很少看到这么热闹的笔墨官司，所以很感兴趣，有关文章，基本一篇不落，全都拜读无遗。记得反对郭沫若观点最激烈者为南京高二适先生，当时印象很深，当然现在早把具体内容差不多都给忘了。

我那时对书法、书法史，其实所知甚少。不过我自平时阅读以及耳食长辈议论，得到的观念是传统的，即《兰亭序》这样的名帖，也就是"天下第一帖"，岂能不真？郭老同意李文田的观点："世无右军之书则已，苟或有之，必其与《爨宝子》《爨龙颜》相近而后可"，认为凡姿媚、柔美风格的王羲之的字都是假的，因为那时的书法风格应该都是有如《王兴之夫妇墓志》《谢鲲墓志》那样方硬而带"隶书笔意"的。对此，我有一个很粗浅的看法：我们知道宋代王著根据当时皇家所藏历代墨宝，编纂《淳化阁帖》，王羲之父子的字当然收得最多，但是许多王谢家族成员的书法，如"晋丞相王导""晋丞相王敦""晋中书令王洽""晋司徒王珉""晋太傅陈郡谢安""晋散骑常侍谢万"以下，还有王坦之、王涣之、王操之、王凝之，等等，也都收了不少，他们的书法水平，自然与二王父子不能相比，但是看来也都是姿媚、柔美一路。如果因为二王父子名气大而有伪造伪托的行径，那么对于这些书法名气相对不大的人，何必伪造他们的墨迹呢？而如果他们的墨迹为真，则说明晋代可以存在姿媚、柔美风格的书法，也就是说，现在所见的王羲之《兰亭序》，何必认为是假的呢？——这就是我作为一个中学生读者的逻辑判断。这个问题现在可以说已有定论了，但并非我这篇回忆的重点，所以不必展开多说了。

不久后的一天，应该也是在《光明日报》上，读到一篇署名"启功"的文章：《〈兰亭〉的迷信应该破除》，从标题可知是帮郭沫若说话的。但是不知怎么，我读后总觉得这篇文章有些怪，他的观点好像是比较勉强的。比如他先说以前一直认为《兰亭》为真，现在读了郭沫若的文章，"体会"到郭是有道理的，"使我的理解活泼多了"，"给我的启发是很大的"，明显是说他原来是持不同观点的，现在是有了新的"体会"和"启发"，因而才赞成郭老的意见了。我想，哪有读人家一篇文章，就能把自己多年以来的观点彻底颠覆、改弦更张呢？这其中是否有"不得已而言之"的成分呢？

当然，我当时并不知这位"启功"为何人，只是由于文章的特殊意味，以及这个多少也有些特别的名字，使我记住了"启功"这个名字。

我更没有想到，这个名字会在我未来的生涯中具有如此巨大的影响，几乎成为我生命中的一部分。

当然，后来启功先生告诉了我他那篇文章的写作背景。他也在《启功口述历史》以及其他一些场合讲述这篇文章是怎么写出来的。

1998 年 12 月 1 日下午接待记者采访，先生再谈"文革"前写关于《兰亭》论辩的文章：

> 我就按郭老的意思写，说《兰亭》是伪的。我的观点已经习惯

了，所以这篇文章还有游离的词句。不过郭老也同意了，就给发表
了，就这么回事。(《启功年谱》，311 页 )


## 初　逢


1970 年，大约是 4 月，我那时是北京师范大学生物系的一名学生，
正在学校参加所谓"文化大革命"。一天我上校医院看病，坐在候诊室
门口的长椅上等待叫号。这时发现邻座的是一位略为上年纪的老先生，
穿着朴素，上衣是已有年头的灰色中山装，但是很干净。笑嘻嘻的，不
过眉宇之间洋溢出来的那种气度，很是儒雅不凡。我不由得往门口桌子
上搁的"就诊手册"瞄了一眼，发现在我前面的这位就诊者，名字叫作
"启功"。

"您就是启功先生？"我欣喜地问道。

"是啊。"他的声调十分和气。

"我可读过您的文章，就是那篇谈《兰亭序》的。"

"哦，那个不值得一提。"

"不过，我怎么觉得您的那篇文章有点怪，好像言不由衷似的。"

"是吗？"老先生显然来了兴致。

"记得您在文章里说以前认为《兰亭序》是真的，怎么能读了郭沫若
的文章一下子就能认为它是假的呢？您说它假的理由并不充分，记得好
像主要是说要破除对《兰亭序》的迷信而已。反正我总觉得跟其他赞成
郭老的文章，很不一样。"

初见启功先生，我不知天高地厚，趁着等待看病的工夫，就"竹筒

倒豆子"一般，把自己以前关于《兰亭帖》真伪的肤浅看法全说出来了。

看来启功先生听得很高兴，听说我是生物系的，可能更有稀奇之感，于是他先看完病后，竟等着我前后脚看完一起出来。

我自小有一位邻居，姓王名传森，年长我近二十岁，我平日以"叔"称之，可以算是我的一位"忘年交"。他在书法方面的瘾头极大，背着老婆攒了些私房钱，托我在北京琉璃厂替他买碑帖。——其时是"文化大革命"后期，琉璃厂一些商店已悄悄开张，卖一些毫无当代政治色彩的传统书法碑帖，——多是"文革"前的存货，也有"文革"初期红卫兵抄家来的无主物品乃至来自废品收购站的残余。受"忘年交"之托购买碑帖（记得主要是在"庆云堂"购买），对于一个穷学生而言，真是一种很好的学习机会，用老家的俗语来说，即是"替别人做事，学自己功夫"：因为既要购买碑帖，就要知道有关的基本知识。这样逐渐看得多了，自然知识积累就多；但是问题也就产生不少，平时真不知找谁请教。

今天得识启功先生，真是"天赐良机"，我就仿佛迫不及待，把有关碑帖的一些疑问向启功先生当面提出（具体哪些，现在自然不能全记得了）。我们一起出了医院，向校门口走去，边走边谈。先生十分热情，及至快到校门口时，他说："欢迎你什么时候到我家来吧，我们继续聊。我家离得不远，在西直门内小乘巷。"说完，他俯下身去，捡起一块小石子，在地上画起路线图来。

这就是我和启功先生的初逢，这一幕印在我的脑海里，历久弥坚，好像是昨天刚刚发生的一样。

## 拜　访

那个星期的周末，我就去拜访启功先生。

小乘巷是条很狭窄的胡同，却并不难找。现在我脑海中留存的启先生那时的居住状况是：破旧湫隘的平房，屋里光线不是很好。床在里屋，外屋靠墙基本上是书柜，向着门采光的位置放着一张桌子，也不算太大。

见我来了，启先生很是高兴，让进屋里桌旁的椅子坐下，问长问短，主要是有关我的一些基本情况与经历。

师母也出来见我，端了茶请我喝。她给我的印象是非常善良而和气。

我和启先生一来二去就谈到了书法上。除了继续向他请教我平时遇到的问题外，后来又问道："听说您的字写得好，究竟要如何写字呢？"

启先生答道："我先不说怎么写字，你还是看看我怎么写吧。"

说完，就抹平铺在桌子上的那块毡子，取出一张四方形的棉纸，桌上的笔墨都是现成的。他不慌不忙地写起来，我还记得写的是毛泽东的词《十六字令》，即"山，快马加鞭未下鞍，……"他写的虽然是草书，速度却并不快，感觉是特别重视笔画线条，尤其是部件之间、字与字之间的萦带关系，交代得清清楚楚，总体感觉是十分飘逸、漂亮，看着他写字，真是一种艺术享受。只是有时会在写过去后又回头重描一下，不过出来的效果却是浑然天成，恰到好处，绝对看不出曾经描过。我对此印象深刻，因为知道一句俗语："写字怕描，……"，以前见人写字，从没有带描的。我不由得问道："写毛笔字也可以描吗？"先生说："需要'补一下'的时候是可以的。其实很多人都有这种动作，只是一般不当着人表演而已。"

先生写毕，随即就送给我，这是他送给我的第一幅字，没有题上下款，我也没有要求题上下款。现在我认为他是觉得那是随便的演示练习，不值得题款；因为后来他给我的墨宝，都是当面题款，而且都是上下款齐全的。

后来这幅字在一再索要之下，被我送给一位中学的老同学，其时启先生的名气已经如日中天了。他虽然知道我给他的绝对是启功先生的真迹，总是遗憾没有启先生的签名，多次央求我找启先生补个款，我却觉得不好意思在启先生面前开这个口——好像也没有这个道理。

借　书

其实我当时对启先生家里最感兴趣的是他那些书，——都是品位极高、学术性、可读性极强的书，很多是我先前仅仅闻名（例如在鲁迅的著作里提及的野史和笔记小说）而未读过，甚至是闻所未闻的。想想1970 年，那正是"文化大革命"方兴未艾的时候，"早请示，晚汇报""天天读"之类的招式依然强劲，全民文艺节目只剩下八个样板戏，允许阅读的图书大致只有马、列、毛和鲁迅。我亏得在高中就买了一部十卷本的《鲁迅全集》，时常可以翻阅；但是对于图书的饥渴岂是这几部书所能餍足的？所以当我看到启先生家中满架的图书时，不由得两眼放光，向先生提出借阅的请求。

现在想起来，书架上的书，给我印象深刻的，主要不过是些宋元明清以来的文人笔记，如清代昭梿的《啸亭杂录》、清末民初刘禺生的《世载堂杂忆》之类。后来知道这些书得以保存，里头还有故事，不过当时我并不知晓，只觉得中文系教授（启先生当时还只是副教授）家中有这些书是应该的。

第一次提出借书，启先生可能不好意思回绝。及至归还之际，第二次要借书时，记得启先生面有难色，说道："你为什么要看这样的书呢？你可是生物系的啊！"我忘了是怎么说服先生的了，那时我年轻气盛，少不更事，觉得看几本书能有什么挂碍，先生未免多虑了，全未体会先生的处境和难处。似乎小有"辩论"，结果先生还是答应借书给我了。可能他觉得我不至于给他带来什么麻烦吧。

不但如此，后来启先生竟然还时常主动向我推荐一些应看、可看的书了。例如有一次他说："你读过《资治通鉴》没有？应该读一读。这是可以当小说来看的书。我是基本不读小说的，只看这类历史书。"我当然表示没读过，想要读。于是启先生就陆续把一摞一摞的线装本《资治通鉴》借我，几个月下来，我总算囫囵吞枣地把《资治通鉴》通读了一遍。

当时在古书领域，已有些许的松动的气氛。不久我听说琉璃厂已内部开放购书，只要有介绍信就行。我就设法弄了一张介绍信（这其中另有故事，"不足为外人道也"，不在这里说了），因为1970年8月开始，尽管还在师大校内，然而算是已然"参加工作"，可以领到工资了，于是就上琉璃厂的内部书店，倾囊而出地买了一些书，例如世界书局的《十三经注疏》《诸子集成》，还有《段注说文解字》《辞源》《辞海》等等（后来还买了一部标点本《史记》），都是"文革前"乃至"解放前"的原版书，价钱是出奇的便宜，像两大本精装的《十三经注疏》才6元钱，《辞源》《辞海》各3元钱。我知道我们这些大学生的分配是"三个面向"（现在记得似乎是"面向基层、面向边疆、面向工矿"），应当为将来的归宿准备一些精神文化食粮。同时我们自"文革"开始就已然沦入失学境地，我原来就学的"生物专业"因缺乏实验室、标本之类也难以自学，加之早就一直喜爱文科，于是买下了这些书。

当我向启先生报告我买了这些书时，他也为我高兴，说："这些都是做学问必备的书。"他还说："世界书局版的《十三经注疏》，版本很好，遗憾的就是每页的旁边不印篇目。"

## 四个口袋

跟先生越来越熟了之后，有时就向他请教如何做学问，他就会讲到"四个口袋"。他说："我的兴趣比较广泛，治学方面从来不限于一端。大体有四个大的方面吧：古典文学、书法绘画、文物鉴定、清代掌故。做了四个口袋，有什么资料、心得就写成卡片，分类往里装。"后来他在一些其他场合也提到四个口袋，很多人都知道。

在 90 年代拜读到香港版的《汉语现象论丛》时，我当即想到：启先生不光是四个口袋，起码这里又多出一个关于汉语语言研究的一个口袋呀！先生后来知道我读了这本书，就时常问我的读后感和语言学界的反应。先生是颇为在意他这方面的积累和著述的，据说一次一位老同事竟说他"外行写语言学"，使他非常不快。实际上对于先生的语言文字学著述，我个人以及我所知的业内人士都是评价很高的。

## 趣谈学问点滴

启先生喜欢谈学问。他知道许多文史遗闻掌故，听起来特别有兴味，同时令人难忘，这里只能略记点滴：例如说起《红楼梦》有诸多版本，他说原因之一是清代京师有不少"馃饽铺"，就是卖油条、馒头之类食品的铺子。那些小老板经常指使伙计，或者直接雇人抄写行时而难得的小说，供顾客租阅，作为一种副业。其抄写水准不一，可想而知，所以后世《红楼梦》版本不胜枚举，很多可以说就是"馉饳铺钞本"。

再如，他对我国历代诗歌有"一字评"："唐以前的诗是'长'出来的，唐诗是'嚷'出来的，宋诗是'想'出来的，明诗是'抢'出来的，明以后的诗是'仿'出来的。"真是恰切而风趣，非先生不能说出。这段话当天被我记在本子上，后来好像在什么地方看到有先生对这段话的手书。

记得他还说过古人对于辞章一途的用功之法：每日抄三个典故，粘贴在屋内，反复记诵，至于烂熟，次日予以更换。

## 清代掌故

启先生出身皇族，是爱新觉罗，"天潢贵胄"。当然先生从不以此为矜，他说过："我不姓爱新觉罗，谁要是写信'爱新觉罗·启功收'，我准写上'查无此人'，退回去！"这也是尽人皆知的。但他熟稔清代掌故，聊天时也喜欢讲些前代逸闻掌故，是我最爱听的。印象最深的有一则，说是明代后期，耶稣教在中国颇为盛行，甚至崇祯皇帝以及宰辅徐光启等众多王公大臣，均受洗礼。清政权刚建立时，宫廷中耶稣教的影响还不小，是推行耶稣教还是儒教，很费踌躇。据说康熙皇帝曾经一手拿《论语》，一手拿《圣经》，反复掂来掂去好几天，最后把《圣经》一丢，马上跑到泰山祭孔去了。先生说得绘声绘色，所以我至今不忘。

有一次我去看先生时，桌子上放着两张纸条，先生说："你不是喜欢看掌故笔记吗？我近日写了两条，你看看吧！"我一看，一条是写袁世凯怎么出卖清室的，大致是说：清室逊位，袁世凯主持其事，密贿诸执政王公每人二十万元以上不等，于是议定完结清室且以袁为新元首。不过所贿之款，悉数仅以各人名义存入某日本银行，按时取息，不得取本。其后袁窃国复辟，名裂身亡，日本银行即将该等款项，本息一并昧去，这些人不敢声张，只得吃此哑巴亏。一条是写慈禧太后年轻时如何能干，一次发生了"炸狱"的事故，她能镇定处置，表现很不一般。

当时就这么一看就过去了，留下一些印象。好像这两则掌故的内容在《启功口述历史》中没有反映过。

有一次说到清代皇帝写字，常令南书房行走大臣，取一具方框铁筛，网眼极细密，谓之"漏子"，大臣书之筛网上，皇帝则取漏子压纸上，就其痕迹，用墨笔照写一过，便成"御笔"。此种伎俩，未见载籍；是否始于清，则不可知，只是清宫中甚为盛行。慈禧特别喜用此法。至于皇帝用代笔之人，更不用说。乾隆就起码有两位捉刀人，一位是张照，一位遗其名。现传乾隆墨迹，优劣不等，大抵最差的，就是乾隆亲笔的"墨宝"了。

还有一次，先生说起纳兰成德一段时期改名"性德"，是为了避康熙废太子胤礽的名讳，因为"礽"字还有个音读"成"。按："礽"字读"成"，一般字书包括《汉语大字典》《中华字海》上都查不到，只有明代张自烈编著的《正字通》上有："旧注音成，福也，就也。一说礽当读若仍。"（示部）

年轻人，好好干！

1971年6月的一天晚上，我上启先生家去。见到先生，觉得有些异样：头发梳得整整齐齐，胡子刮得干干净净，脸颊两侧的皮肤都泛出青光来了。我问："今天怎么啦？"先生答道："下午去参加一个会，见到顾颉刚先生，聊了几句。他问我的岁数，我告诉他正好六十（虚岁），他说：'年轻人，好好干！'"先生的神色很是兴奋。

我一想，顾颉刚先生已年近八旬，比启先生大了一轮都不止，怪不得他可以把启先生叫作"年轻人"了。

看来启先生还是很想干一番事业的。传统儒家所谓"入世之心"吧，尽管在那种知识分子依然备受冷落的年代。

不久以后，中央领导责成中华书局展开"标点二十四史"的浩大工程，由顾颉刚先生主持。从全国各地调集许多一流的历史学家参与其事。启先生也在被召集之中。他的任务是负责《清史稿》的点校。

查顾潮所著《历劫终教志不灰——我的父亲顾颉刚》（华东师范大学出版社 1997 年 12 月版），在第九章"暮年岁月"的"恢复工作"一节中叙及：1971 年 4 月 2 日周恩来总理曾就"二十四史标点出版"问题作有批示："二十四史中除已有标点者外，再加'清史稿'都请中华书局负责加以组织，请人标点，由顾颉刚先生总其成，……"4 月 7 日，有关部门包括中华书局领导来顾家传达，顾先生当日日记："谓周总理派我主持标点二十四史事，要我定计划，许之。"

看来，启先生参与其事，想必也有顾颉刚先生荐举的因素吧？

## 同　志

启先生对人，无论老幼，似乎例称"同志"。这个称呼在中国具有悠久的历史。《周礼·地官·大司徒》就有"五曰联朋友"，郑玄注云："同志曰友。"同一阵营中人互称"同志",初不论国民党或共产党,孙中山遗嘱中有"革命尚未成功,同志仍须努力",共产党内更是赋予这个称呼以丰富而深刻的内涵,如不称"同志"则意味着被逐出革命队伍而沦为另类甚而敌人,所以在阵营内部一般就得互称同志,这是 20 世纪 50 年代以来的社会公认的"规则"。启先生在中年以来屡遭坎坷,当然深得此中三昧,——也形成了习惯,甚至在别人的姓氏后面直接加"同志",一直到 90 年代仍然如此。比如有一次我与他一起受邀参加北师大王宁教授的博士生齐元涛的论文答辩,启先生是答辩委员会主席,我叨陪末座。他一上来即云:"齐同志"如何如何,满堂众人不禁莞尔,因为似乎是有些"不合时宜"了。但对启先生而言,确乎是多年的积习,很是顺畅自然。

所以启先生对我的称呼也大抵是"董琨同志",尤其在书面中(诸如来信)是如此。当面则很少这么叫,因为多少显得"生分"。印象中他似乎从来没有对我直呼姓名(当面似亦不必),可能是因为我毕竟不是他正式的门弟子,又非同辈,同时先生作为老北京旗人是最为讲求礼数的,所以与其难免斟酌,不如尽量少用面称。后来有时候他则称我:"我公",这是富含传统文化而诙谐意味的称谓,我曾在一篇回忆文章中稍加考证过。

在 2004 年 7 月 12 日与我最后一次的谈话中,他竟径称我为"老兄",可见其对我感情的真挚、称呼的随意了,当时,我对此也是不胜感动的。

## 郑诵老

郑诵先(1892—1976),四川富顺人,以文才著称,民国时期曾任张学良的秘书长、北平政府秘书长,同时也是享誉京城的著名书法家,人们尊称其为"诵老",他是启先生的多年好友。50 年代,郑诵老曾与张伯驹（丛碧）发起组织北京书法研究社，是新中国第一个地方性的民间书法社团。启先生也常是张府的座上客。郑诵老比启先生年长二十岁，应该说是忘年之交了。启先生收藏的碑帖，后面常见诵老的题跋。他的字，带有浓郁的章草面目，也融入许多二王法帖、六朝碑版的风味，加之晚年写字略有手颤，"人书俱老"之际，其作品可谓结体雄奇，笔画生动，格调高雅，意韵深厚。不过也因此写不了太小的字，启先生曾经半开玩笑地说："诵老的题跋，占的版面太大了。"

我是通过一位北大中文系毕业的朋友郭庆山（在琉璃厂买碑帖时结识的）拜见郑诵老的，也是在 70 年代初。当时诵老已年近八旬，镇日犹作诗写字不辍。他独自生活，屋里弥漫着一种老年读书人独有的书香气味。

启先生得知我也认识诵老，表示很高兴。有一次，大概是 1972 年春季的一天吧，他来了兴致，说："多年没见到郑诵老了。走，你陪我看看他去！"就要我带他去拜访诵老。于是，我们一起乘坐公交车去了诵老寓所，在和平门内西中胡同。诵老见到久违的启先生，自是兴奋异常。两位老友煞是高兴。谈的什么记不清了，无非多是怀旧吧。只是记得诵老拿起笔，带着自谦的神情说："现在有些年轻人，他们说要学我的字！我的字，值得他们学么？他们学得来吗？"我想诵老的意思，一是自谦，二是认为自家的字面目独特，非一般缺乏书法基础者所宜问津。不过启先生则严肃地回答道："那就让他们认真去学呗！总比不学的好，比只是说说要学，到了也没学的好！"

## 逛琉璃厂

从郑诵老家里出来，启先生说："我带你去逛逛琉璃厂吧！"我当然求之不得。诵老的寓所距离琉璃厂不远，片时即到。可以看出启先生是那里的"熟客"，走进哪家店铺都有熟人朋友打招呼，先生也随时给我介绍，现在印象深的只有在荣宝斋见到的许麟庐先生了，他是著名画家。

在庆云堂书店，店员因为是启先生光临，十分热情，搬出不少旧碑帖和拓片出来。启先生问我："你想买什么吗？"他向我推荐了一部装裱好的原拓《张迁碑》，说是不错，才八块钱。又有不少汉碑的原拓片，如《曹全碑》《礼器碑》（包括碑阴、碑侧）《石门颂》《景君碑》等，我如入宝山，又有启先生在一旁指点，于是几乎倾囊而出，尽可能拿下。还有一函何绍基（子贞）临的汉碑，十元钱，也买下。只是对于一沓《泰山金石峪》的拓片，一个字一张，每张足有半米见方，都已裱好。这应是难得之物，我因囊中羞涩，竟没有出手，至今思之，仍然遗憾痛惋。

这些碑帖，着实都不贵。据店员说，都是"文革"前的定价，没有卖完，也不加价了。如那几张汉碑拓片，每张不过两、三块钱。我那时在师大，算是已然"参加工作"，领了四十六块钱的工资；但是老家尚有四位弟弟"上山下乡"，所以每月须将一半工资，寄往家中，因此随身囊中，也不是很充裕，出手也就有限了。启先生一旁看着，也没多说什么。

又买了三个空白的旧扇面，有的是洒金的，每个才三角钱。后来求请启先生和郑诵老题字并作画（图24a、b）。若干年后我拿到荣宝斋装裱，因为京城只有那里才有此"揭裱"技术。扇面上贴的定价签条还在，店员一看："三毛钱！好家伙，这哪里说理去？！"

出了琉璃厂，已是饭口时间了。启先生问我："吃过烤鸭吗？"我一介穷学生，哪有此口福呢，只好如实回答："没有。"先生说："走，我请你吃烤鸭去！"于是在附近一家不大的店里，拜启先生之赐，我平生第一次吃到了北京烤鸭。

图24a　启功赠作者书画扇面1

图24b　启功赠作者书画扇面2

## 先生家的访客

那时"文革"尚未结束，启先生家里客人较少。当然不是没有，见得比较多、因而印象较为深刻的有两位：一位姓傅，启先生介绍时说："他的先人对我有恩。"我后来想，应该就是傅熹年了，他的祖父傅增湘，曾经奖掖帮助过年轻而家境孤寒的启先生，把他介绍给陈垣先生，后者成了启先生终生的恩师。他似乎寡言，来了打过招呼就坐下，不太说话。另外一位是史树青，启先生介绍："这是我在辅仁大学时的学生。"他比较活跃些，话也多些。

史先生后来还跟我有单独交往，是在后来我又回到北京，与他共同受广东书家马国权之托，要去拜访、了解几位前辈篆刻家的状况。但是记得一次在陆宗达先生家里听他的《说文》课，听讲的还有几位学生。讲完课闲聊，不知是谁提到了史树青，说他是"专家"。陆先生似乎有些不以为然："怎么，他也是专家了？"史先生当时在文物鉴定方面成就卓著，名气很大。但是最后也难免有"走眼"的时候，媒体报道过有所谓"越王勾践剑"和"金缕玉衣"事件，均鉴定失实，是为小玷，但也不足苛责而已。

如果访客是白天来，又适逢"饭点"，启先生就会邀请大家："吃饭去！"我也碰上几回，所以应该说我不止一次被启先生"赏饭"了。

多数是在小乘巷胡同口的小饭馆。叫的菜品视人数而定，适量。启先生喝些啤酒，不多。他的话也不多，主要是听朋友们的高谈阔论。记得一次有位客人可能喝高了，很是激动，嚷道："我不入地狱，谁入地狱？！"不知何故而发此言，启先生只是笑笑，没搭这个茬儿。

　　1981 年我研究生毕业分配回北京，此时先生境遇已与之前大不一样。先生声誉渐隆，来访者犹如过江之鲫，络绎不绝。还是在小乘巷的蜗居里，一次我去看先生，去得早些，先生尚未起床，但卧室外面的长凳上，已然坐了好几位客人。先生起来后，一一接待，打发完毕，对我不胜感慨："这些人，他们是到我这儿接力赛了。"我见此场景，也很不安，生怕自己也成为"接力赛"的一员。但先生好像揣摩到我的想法，马上接着又说："你跟他们不一样，该来还来，只管来！"

　　正因为先生名气大了，应酬日剧，特别之忙，所以我认为自己应该自重，不能过多打扰先生，所以尽管先生说过"只管来"的话，后来还是去得少了，有两次甚至还是其他老同学拜访先生，先生问及我，说我"许久没来了"，话传到我这里，使我不安，于是赶紧前往趋教。

## "戒之在得"

　　我结识启先生的时候是 1970 年，他还不到六十周岁，即"花甲之年"，当然对于当时还是二十郎当岁的我来说，看他真是一位"老先生"了，所以经常称他"启老"。

　　不过启先生自己，恐怕也是不无"廉颇老矣"的心态的。这表现为他时常对我说："我现在很多事情都能想得开了。不是有句老话吗，《论语》中说的：'及其老也，戒之在得。'所以现在不再在意人生的'得'了。"我去他家，他时不时就对我有所馈赠：或者是一锭墨，或者是一幅字。一次他告诉我曾用过一方取形于他头像的印章，随即取出展开（即是书写《十六字令》"词，七宝楼台……"的那一幅），果然钤有他的头像印章，笑嘻嘻的宛如弥勒佛。他把文字给我读了一遍，说是有所影射的。完了就说："你拿去吧！"有时甚至是一卷不止一张。那些墨宝，大都是他 60 年代做的"功课"，已然有后来的面目，但风格似乎尚未固定，所以面目比较丰富。其实他自己也认可这些作品，每一幅都已钤盖了印章，说明作品已经完成。如今这些启先生 60 年代的书法作品，在世间似已颇为罕见。证据有二：一是 2012 年先生百年诞辰时，在国家博物馆曾经有过他的"书法作品展"，其中有 40 年代的、50 年代的作品，但是 60 年代的作品却付之阙如，——一张没有！二是在北师大出版社出版的皇皇二十卷《启功全集》中，60 年代的书法作品只有在"条幅"卷（第 16 卷）中收有两幅，一幅是《萧次瞻烈士诗》（标为"一九六三年作，辽宁博物馆藏"）；一幅是《自作诗——颠张醉素擅临池》（标为"二十世纪六十年代作，个人收藏"），其余"横披""中堂""斗方"及"赠友人"诸卷，60 年代作品亦皆无所见。

这里我敢说：启先生的作品，都是他主动赠送我的，我从来没有主动开口索要（后来偶有受师、友之托向他求题签、题画各一两次）。当然受赠之时欣喜若狂，不过后来转赠给友人的也有若干幅，比如被家乡"忘年交"索去，或是至爱友朋结婚送礼。如今思之，不无惋惜遗憾之感，因为不知它们最后的归宿如何？不过物皆有缘，有得就有散。况且这些作品大抵是启先生在"戒之在得"的心态下赠送于我的，我亦早到了"戒之在得"的年纪，岂可"执"之过甚，不效法启先生？如此想想，也就释然了。

启先生有时由于"戒之在得"而做出的"舍"，实在非常人所能为，令我至今仍极为感动。例如 1971 年年底，我跟启先生说要回一趟福建老家，打算途经上海，去拜访仰慕多年的著名书法家沈尹默先生。启先生听了，叹息一声，道："他今年去世了。你不知道？"我答："是不知道。

太遗憾了！"看到我嗒然若丧的神情，先生说："这样吧，他送过我一幅字，我现在转送给你，你也可以减少些遗憾了。你等等！"说完，就进到里屋去，少顷，拿出一张叠好的纸，还是发笺的，四尺条幅，洋洋洒洒，书写了三段黄庭坚题跋，足足有好几百字。题了上款是"元白先生方家是正"，下款是"一千九百五十五年十月三日　尹默"。这是名家赠送名家的字，其珍贵程度可想而知。启先生却只是淡淡地说："拿去吧！"我接过来，感动得不知说什么才好。

## 沈尹默的痛苦

启先生每提到沈尹默先生，口气都是十分敬重的。他与沈先生在辅仁大学曾经共过事，先生说："沈先生是我学书法的老师。"

一次谈到沈先生，他说："你知道吗，沈先生晚年眼睛不好，是很痛苦的。他给我写字是50年代中期，那时还好；后来简直看不见，铺了纸看到的只有一片白，写字时都要家人提示：'写这里！写这里！'你说作为书法家，这是多么痛苦的事！"

## 《击脑编》

在明清以来的书法家中，我认为启先生最为推崇郑板桥和文徵明。

启先生《论书绝句》第八八首是评论郑板桥书法的，先生赞他"坦白胸襟品最高"，认为"其人秉刚正之性，而出以柔逊之行，胸中无不可言之事，笔下无不易解之辞，此其所以独绝今古者"。评价之高，无以过之。

一次，我去启先生家里，见他正在整理文稿。他说是郑板桥的集外未刊之作，他已搜集了不少，主要来自世上可见的书法作品、题画诗等等。先生笑着说："郑板桥曾经在他的文集跋语中说过大意如此的话：'本人诗文已尽收于此，他日如有人再说收有我的作品，我必化为厉鬼而击其脑！'但是我现在差不多搜集到一本了，准备将来给他出版，书名就叫《击脑编》吧！"

这部《击脑编》后来不知是否交付出版，如未出版，文稿应该还在吧（按：后来购得《启功全集》，看到已收入第18卷，共三十八页）。

对于文徵明，仅在《启功丛稿·题跋卷》中专门论述到的就有三篇，即：《文徵明原名和他写的〈落花诗〉》《文徵明之风谊》《题文徵明书七绝小幅》，称赞"文徵明笃于风谊"，"是尤后学事堪敬慕者"。

凡此，可能有一个隐秘的因素，引起启先生的特别同情，即是这两位在成名之前，都曾经受过世俗的冷遇。

清周召《双桥随笔》一："文徵明先生以布衣征入史局，同事诸公皆以其不由科目，滥竽木天而嗤笑之。"（木天：指翰林院），启先生并撰有一篇《文徵明在翰林受侮事》的考证文章（《启功全集》第4卷，303页）。

在赵仁珪注释的启先生《论书绝句》论郑板桥的这一首（即八八首）中，提及"（郑板桥）未中进士时，无人看重他；中进士后，又一反常态地推重他"。可惜未说明出处。《清史稿·郑燮传》亦未见此说，可能出于稗官野史吧。

启先生也有与上述两位书法家类似的经历，这是大家都知道的。他自述1933年由傅增湘先生介绍去见陈垣老师，"不久，老师推荐我在辅仁大学附属中学教一班'国文'。……过了两年，有人认为我不够中学教员的资格，把我解聘。老师后便派我在大学教一年级的'国文'。"

而后来，尤其是"文革"之后，启先生的名气大起来，家喻户晓，但他始终头脑清醒，内心对势利的世俗不无感慨，所以对于文徵明和郑板桥，予以特别理解和评价。

## 沈觐寿

我的家乡福州有一位前辈书法家，叫沈觐寿，字年仲，是晚清重臣沈葆桢的后人（曾孙），擅于书写颜体，褚体亦为一绝。其作品在八闽地区家喻户晓，几乎触目可见。他是邮电行业的老人，上世纪80年代曾两次赴京开这方面的会，当他得知我认识启先生，就很想通过我拜访先生。前辈所嘱，我当然也希望玉成此事，于是就抓紧向先生禀报了。第一次，先生听到"沈觐寿"这个名字，说："我知道，他的字写得很好，尤其是一手褚遂良，国内可谓首屈一指！"我说："他十分仰慕您，很想来府上拜见呢。"先生说："哎呀，真是对不住得很，我这几天政协开会，只怕没时间了。"我就不好再多说什么，过后如实报告沈老。隔了大约两三年吧，沈老又来北京开会，又向我提出这个愿望。我还是及时禀报启先生，不料先生还是以几乎同样的理由，婉言谢绝了。我只好跟沈老解释：启功先生如今实在太忙，身体也不是很好，诸如此类的话。沈老失望的神情，溢于言表，但也没说什么。

## 陈　达

不过启先生对年轻人的态度，可就绝然不同了。老家有一位小我三岁的朋友，叫陈达，是闽都画坛耆宿陈子奋的学生，天资聪颖，工于篆刻，竹刻尤佳。我们是自青少年时期就熟交的老朋友。他曾经送我几张竹刻的拓片，刻的内容大多是微缩的西周金文的铭文，我给启先生看过，他大为赞赏，连说："真好！真好！他有没有工作单位？我看不说他刻的水平，就凭他拓片的功夫，就很可以到故宫来工作，那里可是很需要这方面的人才呢！"

我被分配到广东山区工作的几年中，启先生给我来过几封信，好几次话题都是对陈达竹刻艺术的评论和建议。

后来，陈达也来过北京，也想拜访启先生，通过我的联系，先生总是马上接见，热情有加，而且赐以墨宝。

启先生这两种截然不同的态度，起先使我纳闷不解，后来明白了：先生对于有才华的年轻人，是特别爱护和奖掖的。

## 石 开

在老家，我还有一位小我几岁的朋友，叫刘石开（后来成名，径称"石开"），也是陈子奋的学生，在绘画、篆刻一道很有才华。我得识启先生和郑诵老以后，"忘年交"送我两方寿山石章，都是上品的老石，我就拜托石开为二位前辈刻制名章。诵老收到后，很是高兴，专门在给我的来信中大大称赞了一番，还在手札中钤盖了出来。启先生倒没有什么表示，也一直未见他在自己的作品中钤盖使用，我想这是因为启先生使用的印章，风格大抵是平正稳重的汉印一路，而石开篆刻，追求个性，难免狂放不羁，所以未蒙先生足够的青睐，但先生曾在接到石开所刻印章后的一封来信中提及："印文部分则非常精彩"，加以表扬。

后来启先生为石开办了一件事，倒不妨在这里说说：石开在老家买了一幅款题为董其昌的古画，希望我找先生鉴定一下。于是我就将此画送到先生那里，请他抽空题几个字作为鉴定。80 年代先生已经很忙，我去了几趟，才写了交给我。

画是古色古香，远山近木，左上角题诗是柳宗元的"千山鸟飞绝，万径人踪灭。孤舟蓑笠翁，独钓寒江雪"，下署"玄宰"二字。先生于画幅右侧下方题款曰："香光仿杨昇没骨山水，极自珍重，曾见岣关蒲雪图，与此同调，俱得意笔也。一九八三年八月获观因题　启功（印章）"。

先生此题，十分含蓄，耐人寻味。

十年之后，因为发生有人假冒先生名义作书画鉴定，以伪曰真，先生认为属于诈骗行为，贻害极大，不能容忍，于是断然声明：从此再不给私人所藏书画作品做鉴定了。

## 婉拒的遗憾

我 1970 年春结识启先生，本该于当年秋季毕业，分配工作，却被延缓分配，集体留校进行所谓清查"五一六"的运动，这使我在师大多待了近两年，也就是多了两年向先生请益的时间和机会，这对我以后的人生道路是有很大作用的，因为受先生的影响和教诲，坚定了我自学文科的信念，尤其是更兴趣于古代汉语文字学（例如读了好几遍《古代字体论稿》）和汉字书法。

我后来常常有一个想法：也许我是生物系学生，所以先生在当时的政治与社会情势下，顾虑可能稍少一些吧。有一次他甚至认真地说："什么时候我到你们宿舍看看你去！不就是西西楼吗？"唉，启先生哪里知道我当时的处境与苦衷？原来，我曾经因为高考成绩比较好，到北师大后，又因主动向所在系的党团组织"汇报思想"，暴露了一些思想问题，据说相关材料曾被上报到团中央，也被校党委书记程今吾在一次会议上提及"对有思想问题的青年学生要加以保护和帮助"。"文革"开始后，他的秘书写大字报揭发此事，引起全年级同学对我"口诛笔伐"；后来"十六条"公布，说是学生问题"运动后期处理"，所以我一直背着"后期处理"的思想包袱。平日在集体中表现十分自卑，大有"已入另册低人一等"之感。所以如果带启先生到宿舍来，怕引起同学们误会，给自己、也给先生带来不必要的麻烦；同时认为先生是长辈，是老师，哪能让他来看望我这个晚辈学生呢，就回答："岂敢，岂敢！哪能让您爬四楼呢？"先生听了，没说什么，以后也不提起这个话题了。也许他以为是我有顾虑，不愿意让同学们知道自己和一个"摘帽右派""封建余孽"交往而做的婉辞吧。如若这样，那真是误会了，也成为我长久的遗憾。

后来，我读到启先生的高足柴剑虹回忆先生的文章，提到先生曾经到他的住居陋室看望他的情景，才知道先生的这种愿望是诚恳实在的，并非口惠而已。

其实，后来我知道许多前辈学者对待晚辈学生往往都是厚爱有加的，到学生宿舍看访，是很自然的事。上世纪70年代末，我到中山大学读古代汉语研究生，导师潘允中先生、授课的黄家教先生就都曾到宿舍看望我们，还一起喝茶聊天。相邻古文字专业的导师、著名古文字学家容庚先生，更是把去研究生宿舍辅导交谈视为家常便饭，几乎每周一次甚至更多。

关　怀

北京师范大学因为清查"五一六"，让1969、1970两届"毕业生"推延到1972年4月才分配。本来那时北京地区已出现师资紧缺的局面，据说市里想让我们全部留在北京充实中学师资，但也据说是周恩来总理不同意，认为还是应该"三个面向"，分配到基层去。所以除了个别留校或在北京有特别关系（如配偶）之外，全都"三个面向"了。这里不妨说一下，我们国家有好几个"三个面向"，比如邓小平提出"教育要面向现代化，面向世界，面向未来"；现在科技工作要三个面向："面向科技前沿，面向国家重大战略需求，面向经济社会发展的主战场"，等；而"文革"中针对大学生工作分配的"三个面向"，就是"面向基层，面向边疆，面向工矿"。

所以我就被分配到了广东省梅县地区平远县（今梅州平远县）的一个公社中学当教师。整个平远县是处于广东、江西、福建的交界，所谓"鸡鸣闻三省"，公社所在地距县城几十里，学校所在地又距公社近十里，而且四周触目所见，都是重峦叠嶂，可算是既边鄙又基层了。满耳都是"南蛮鴃舌"的粤地方言，生活物资的贫乏也可想见，各种消息闭塞，更不用说自己最为看重的图书资料了。

从首都北京一下子来到落差如此之大的工作、生活环境，由于不适应而造成的烦懑、抑郁是可想而知的，心情不佳也就一时怠于写信，连对京城的尊师长辈如郑诵老、启先生，也是好几个月过去，才写信报了平安。

9月底收到启先生的第一封来信——

董琨同志：

　　非常抱歉！自接到来信后，已耽搁好长时间才写这封复函，想你或不见怪吧？

　　当分别两个月之后，未见来信，我曾写信询问刘世凯同志，问他接到你的信没有。当接到你的信后一两天，刘同志到中华去，我们共同谈到你的情况，都为之安慰！

你分配的地区虽然比较偏僻，但工作和自己用功，是不分地区的。现在邮寄也很方便，通信或寄书都不成问题。只有当地供应如何，不会有首都方便和丰富，是可以判断的。

我现在仍在标点《清史稿》，中间学习中央文件，又脱产学习马列原著六本书。因为长沙马王堆出现汉代帛画，现在要印一大本，要我写一篇说明，又费了三个星期。中间美尼尔症又犯了一次。其他无可奉慰者。最近首都市场特别繁荣，国庆喜气迎人，你是可以想像得到的。

你们在那里缺乏什么？如有要我在北京代办的，不必客气，请随时告诉我。

希望常来信。不要矜持，不拘形式，不妨用谈天瞎扯方式，更不要写好字，何如？

北京最近并没出什么新书，海王村中国书店门外又开了一处，专卖古书，凡四部丛刊以至各种的排印、石印等等古书，都公开售卖，但没有什么特别东西。这只足以说明这类经史子集的古旧书，不作四旧对待而已。

《史记》中华重印本又已卖光，你买去一部真巧了。《三国志》在挖改误字重印中，《后汉书》在重校中，《汉书》尚未动。《通鉴》也在重校中。

余无可奉告者。马王堆发掘简报一册，有插图，如《文物月刊》那样本子，你见到了吗？

夜深了，不多写了，明天还要上班，即此住笔，专侯凡百顺利，身体健康！

启功

1972.9.24 星（？）<sup>①</sup>日夜

刘世凯是我的一位世交长辈，在中国科学院图书馆工作，离中华书局很近。他也认识启功先生，所以先生在没有得到我的讯息时，会写信向他询问。

启先生的信对我是莫大的慰藉和鼓舞！可以说字里行间，充满了慈父般的垂念与关怀。我真是反复捧读，感动不已。

先生提及"希望常来信，不要矜持，不拘形式，不妨用谈天瞎扯方式，更不要写好字，何如？"说明了他对我的一些印象。

其实在启先生那里，我能写出什么"好字"？不过总是想要写得"认真"一些而已。却被先生看出了这其中的"拘谨"，所以要我放松些，放开些。

## 先生留宿

1975 年春天，接到启先生一封信——

董琨同志：

许久未通信，敬想一切顺利进步！

功自七三年冬眩晕病大发之后，即住进医院，住了四个月，去

---

① 字迹难以辨认，故以问号替代。

年春出院，仍在家疗养，并未上班。去年冬老妻复病，缠绵三个多月，十余日前，终于死去。功在医院护理她很长时间，今事过境迁，反觉精神体力大不如紧张护理时。一切无可多谈，每日恍惚。有友人来谈，精神抖擞，如无事然，客去入睡，便成痛苦时间。有打油诗十余首，不忍心重抄，以后托人代抄奉寄。此时无人来，又不愿看书，想到天南好友，久疏音问，信手作书，谅不讶其草率！

前令舅刘世凯同志来相慰问，言与足下亦久未通信。不知最近工作、婚姻等如何？暇时望惠我数行，以慰远念！

未写前觉得有许（多）话想说，提笔写来，又俱想不起来，想得蒙谅察其颠倒！

专此即致

敬礼！

弟启功上言<br>三月廿九日

读过这封信，心里十分难受。善良而慈祥的师母不幸辞世了，而先生沉浸在痛苦之中，精神体力大不如前，"每日恍惚"，独处"便成痛苦时间"。我多么想一下子飞到先生身边，陪他说话，有所安慰，他不是说见到友人就能"精神抖擞，如无事然"吗？可是正值学期中间，教务所羁，不能请假脱身，只能去信请安问候，告以思念之情。

好不容易挨到学期结束，就利用暑假时间，专程去了一趟魂牵梦绕的首都北京。由朋友安排好住处之后，就迫不及待地去拜谒日夜思念的启先生了。

先生见到我，很是高兴，也笑纳了我奉献的一些家乡风物，然后诸多垂问，畅叙别情。先生看起来精神很好，脖子上多了一个防止眩晕的有机玻璃的托架。聊了许久，已经近傍晚了，先生说："今天别走了，我这屋里还有一张单人床，今晚你就睡这儿吧。我让他们给街道报告一下。"那时"文革"尚未结束，"阶级斗争"的弦依然紧绷，北京市有规定，凡家中留宿外地人员，必须到街道或派出所办理登记手续。

一直到晚上彼此躺下时，先生说了许多师母的病情和逝世前后的事。入睡前，谈兴犹酣。他说："我写了一些悼念老妻的诗，现在背给你听听吧。"随即就一一朗诵起来，感情沉痛而挚郁。这些悼妻诗，后来都发表刊行了，成为当代悼念之作的名篇。

## "趋"之礼节

1976 年金秋十月，"四凶"殄除，神州欢庆，拨乱反正，百废俱兴。1978 年，高考制度恢复，我考取了位于广州的中山大学古代汉语专业硕士研究生。第二年年中，中国古文字研究会第二届年会由中山大学承办，在广州召开。我们这些"古"字头专业（主要是古文字、古汉语）的研究生当然要去旁听会议了。

莅临会议的有不少虽经劫难而依然精神矍铄、治学不已的前辈老学者，许多都可称为是"大师"级的。启功先生以其深厚的文字学根底、卓越的学术成就，也受邀参加这个学术盛会。

我又能见到久别的启功先生了！很是兴奋，一早就与一干同窗，前往会场。不一会儿，就见到诸多老先生陆续前来。

我远远地就瞧见了启先生，身着灰色的中山服。他也瞧见我了，就在那一刻，他突然有一个动作，就是用小步急速地向我走过来！刹那间，我马上反应过来：这不是古人说的"趋"的礼节吗？"趋"，就是"小步快走"，《论语·季氏》："鲤趋而过庭"，而那阵子很热传的一篇文章《触龙说赵太后》中也有"（触龙）入而徐趋"的话。这是中国古代的一种礼节，一般都是用来表示敬意的。

启先生见到我这个后辈，竟使用"趋"的礼节！这使我大吃一惊，也可以说是"受宠若惊"，也连忙小步趋前了过去，与先生紧紧握手请安。

近旁的诸位同窗可能没有注意到这个细节，因为当时他们基本上都没见过启先生。我如果不是学古汉语的，可能也不会明白"趋"的表现形式，以及"趋"的意味所在。当时先生的这一举动对我而言简直是震撼性的，也无比地感动。正如先生素常所说："我们是同志，是朋友"，他对于我这样的晚学后辈是平等相待的，根本没有以前辈老师自居，加之他又是满族旗人，十分讲求礼节，所以久别重逢，竟使用了如此"大礼"，鲜明而深刻地体现了前辈文化人的中国文化传统。尽管只是短短一瞬，却在我脑海中定格至今，永志不忘！

后来我有机会读到周汝昌先生的《北斗京华》（中华书局2007年6月版），书中"师友襟期"板块有一篇《启元白》，提及启先生"多次见访小斋，走路常带着'小跑'（快步），活泼之神态犹在目前，已三十年前事矣。"才知道这类似"趋"的快步小跑乃是启先生见及友人的习惯动作，由此可以看出，先生从年轻到中年，动作都很敏捷，给人以神态活泼的印象。

记得那次和先生约好去看望郑诵先先生，碰面地点是他家附近的公交车站。我来的时候，启先生已经到了，大老远见到我，他一边对我微笑，一边略带夸张地用右手挥动起月票夹，活像当年时兴的挥动"语录本"的动作，很是生动幽默，所以事过多年，他这神态和动作，依然如在眼前。

不久前又读到先生一位晚辈崇拜者、北师大出版社编辑李可讲（李强）所著《服膺启夫子》（新星出版社 2011 年 1 月版），在《我和夫子》一节中有这样一段记叙：

> 我清楚地记得，有一天午休时间，看到夫子在花圃边上走路，周围静静的，只夫子一个人。……我立定了仔细看他，夫子一人走路的样子，带甩手，有节奏，像走又像是玩儿，可以说是"兴致盎然"。算来就要七十岁了，是那种小孩子一样的欢喜，令我印象深刻。

那年（1977 年）在广州重逢，先生六十五岁，这里描写的先生已近七十岁，看来一直到进入老年，只要一些老毛病如美尼尔等不发作，先生都是步履灵便康健，可谓长寿之征。

## 先生跟我谈书法

我很惭愧：跟启先生结识多年，竟没有从他那里学来多少书法的技能和"招数"，见面时聊天，主要话题是书籍和学问，当然都是我向先生请教，先生循循善诱，"小叩大鸣"。

不过写字或曰书法的话题终归也是免不了的。兹就记忆所及略举数则，大多也是先生在自己的著述或演讲中提到过的。

以前说过：第一次向先生请教如何写字时，先生说："就看我写吧。"随即摊纸挥毫。我肃然静观饕餮这难得的艺术大餐。先生写完后，还在某些笔画上稍做修补，我问："为什么要修改？"他说："这是允许的，很多前辈都有类似的'秘密手段'。"

一次，先生说："米芾认为：一幅字中，好的不过二三而已。"又说："写完字后，最好挂起来或贴在墙上看。如果常常不满意，就说明你进步了。"

诸如"行书要当楷书写，楷书要当行书写"的教导，以及关于"公交车慢车站站停、快车有的站不停但必驶过"的比喻，也都是听他说过的。

还有一次说道："有些字的处理容易出问题，偏偏老是碰到；就像骑车，明明前头有个小石头要避开，可是偏偏就是会撞上去！"

我曾不止一次地谈到草书难认的苦恼，先生说："难的不是从楷书查怎么写出草书，而是反过来从草书认出楷书。"说是要是有这样的工具书就好了。确实，市面上诸多"草字编""草字汇""草书字典"，但都是从楷书查草书，哪有让人见到草字能查到其楷体的工具书呢？虽然草书固有法度，不是随便写的，但毕竟处于上下文中，变幻莫测，有的难以捉摸，在所难免。

这种工具书现在尚未问世。我现在想：要解决从草书认楷书的问题，恐怕要建立并利用大型的电脑语料库，将草字的诸多形体样式扫描归类，使之可以检索查找。在互联网日见发达的今下，或许有可能做到。遗憾的是这个想法不能与启先生交流请教了。

我结识先生的时候，正是他在探索汉字最佳结体的"黄金分配律"的时候，经常兴致勃勃地跟我谈论他的发现与看法，随手就用手边的纸条、信封等做出诸字的图示，惜乎我没能像某些听者如陈荣琚兄那样有心，把这些宝贵的"手迹"存留下来。

## 相信特异功能

启先生晚年，在他的《启功口述历史》里谈到童年时所经历的一些"怪现象"，他说："这正是一个家族衰败的前兆。我从小就是在这种环境和气氛中成长的。"

上世纪 90 年代末有一位"气功师"张宝胜很是走红。启先生相信他有特异功能。一次在家里谈起，先生说："他是真的能够意念移物、隔罩视物。"随即举了几个例子，接着说："司马南（也是化名）向他学招，他不肯教，所以司马南就写文章反对他。"

一次春节期间，我带内子去给启先生拜年。他又说起张宝胜特异功能的几件事。

应该说生活中确实存在一些我们用常理、常识难以解释的现象，这是因为人类的感知能力是相对有限的，还存在不少"知识盲区"。小时候的遭遇所造成的心理影响，甚至可以遗留到老年，这一点儿不足为奇。

## 不看写自己的书

90 年代以来，启先生的名气越来越大了，市面上也陆续出现了一些关于他的传闻轶事的书。一次，我向启先生问及对一位年轻人（他的同事的后人）写的这类书的看法。他笑笑，说道："这种书还有几本，我都不看，随他们说去。"

忆及十数年前，先生对我一位朋友写的一篇类似文章，则有过不满的批评，说："这事只有他知道，不是他写的是谁写的？"

## 批评"名士派头"

有一位学者，年龄与先生差不多，平日说起来，先生也很推崇他的学问。后来他也是"声誉日隆"，名气越来越大，慕名前来拜访者络绎不绝，不胜其烦，于是与夫人（也是著名学者）采取了"拒客"的措施。一次，启先生谈起他来，说："你知道吗，他现在如果来客人，进门以后，他夫人就不停地看表，不停地说'五分钟了''十分钟了！'就是要赶客人走啊。何必要要这种名士派头呢？我是不以为然的。"这位学者珍惜时间，确有其苦衷，但这种措施，未免过分，不近人情，相比启先生虽然也总是门庭若市，以至于产生"他们到我这儿接力赛"的感慨，但先生待人一贯宽容、谦和，总是彬彬有礼，只要来客没有过分的言行（如挟"首长"之威"求"字），他从来都客客气气，而且很不赞成那种拒人千里之外的"名士派头"。

## 启先生的孤寂感

启先生名气大了以后，慕名前来的拜访者可谓不计其数，时常客流如织，应酬接踵，加之他治学勤奋，著述不断，按说应该是生活丰富多彩、与寂寞无缘才是，但是，由于他"幼时孤露，中年坎坷"，心中常有大悲苦，所以难免有寂寞感、孤独感来袭，也常常失眠。正如在一次给我的来信中所述："每日恍惚。有友人来谈，精神抖擞，如无事然，客去入睡，便成痛苦时间。"1993 年，他写有一首题为《夜中不寐，倾箧数钱有作》的诗："钞币倾来片片真。未亡人用不须焚。一家数米担忧惯，此日摊钱却厌频。酒酽花浓行已老，天高地厚报无门。吟成七字谁相和，付与寒空雁一群。"（《启功全集》第6卷，185页）写出了他晚年寂寥孤凄的心境。

基于这种心境，对于一些谈得来的友人，启先生希望能多聊聊，以解孤寂。1995年5月，北京大学郭锡良教授曾托我向启先生为他即将在商务印书馆出版的论文集《汉语史论集》求题签，一天晚上，我谒见先生时，杂聊之余就告诉了先生。两天后收到他写于23日的一则短简，开头却是："前晚未得畅。……"（图25）读之甚为感动：原来先生竟以我没有在他那里待得足够久而遗憾！由此我想到先生那里平日尽管诸多人来客往，也许内心还是不无寂寞之感，希望有更多的好朋友可以畅谈一切。

## 启先生与福州的缘分

《启功年谱》记载了1982年7月底启先生接待《福州晚报》记者为求题签的谈话。先生说："我去过福州，福州有许多木头房子。记得有一条街，全是木头店面，有的还歪歪斜斜地用木头顶着，斜度挺大却几十年不倒，这可是一大景观，不亚于比萨斜塔。"说完放声大笑！……先生还说："好友王世襄就是福州人，是玩物有志、玩物博学的大家，现在住在北京。我跟福州有这么多的缘分，理当题个签。"

先生跟我说过50年代的福州之行，这在《年谱》中有比较详细的记载。那是1956年年初他参加"教育部视导团"到南方视察师范教育，从上海、江西一直到福建、广东。在厦门受到著名华侨领袖陈嘉庚的热情欢迎和接待。《年谱》中没有提到的是，视导团一行还得到当时福建党政军的

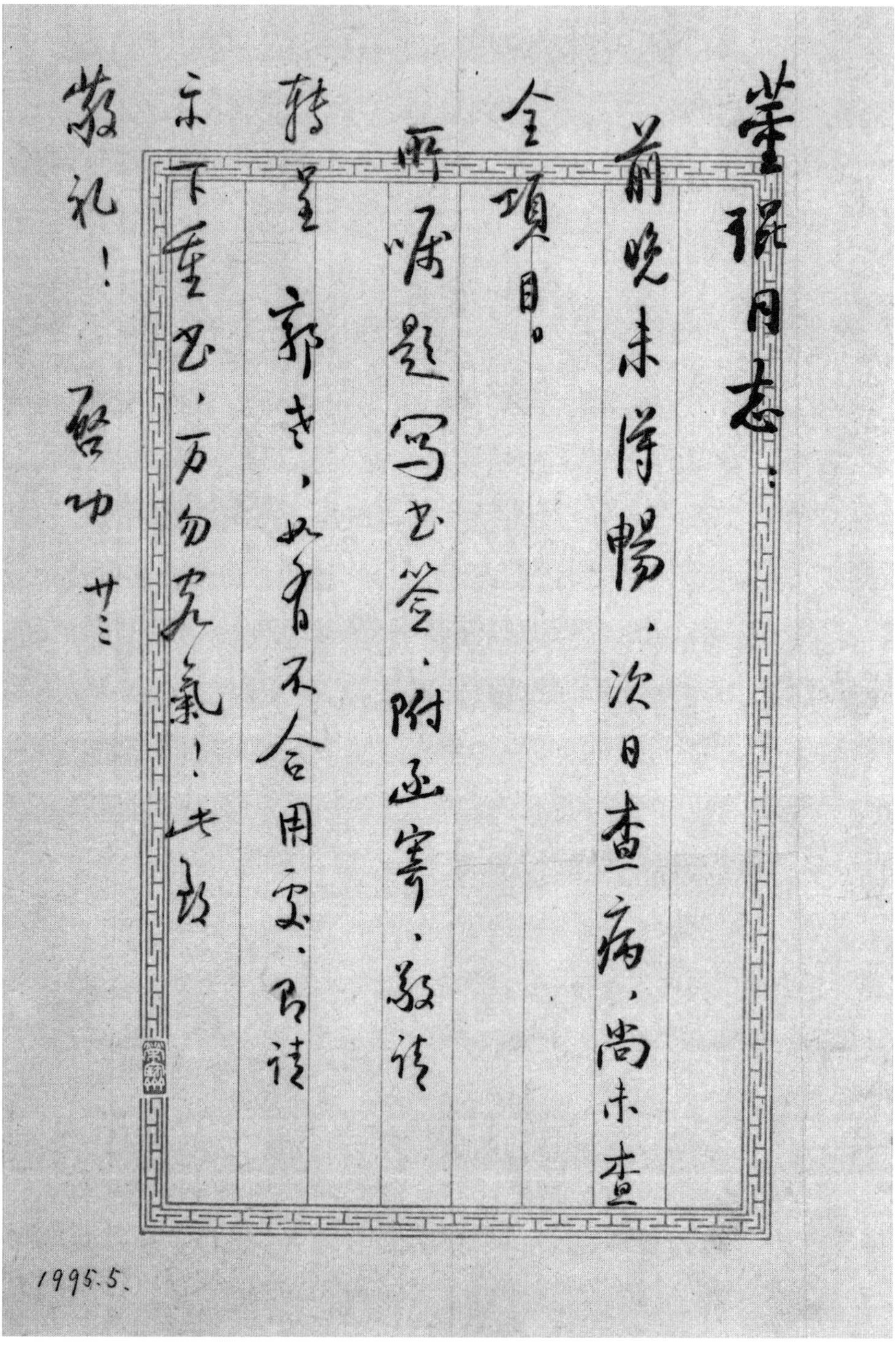
莹琨同志：

前晚未得畅，次日查病，尚未查

全项目。

所嘱题写书签，附函寄，敬请

转呈郭老，如有不合用处，即请

示下重书，万勿客气！此致

敬礼！

启功 廿三

1995.5.

图 25　启功寄给作者的短简

最高领导——叶飞同志的接见并设宴招待。这样他得以结识了叶飞夫妇。叶飞夫人王于畊当时是福建教育厅厅长，70 年代调任北京师范大学党委副书记。她很尊重知识分子，与启先生相处甚洽。

一天，我上启先生家去，见他正在挥毫写字，对我说："叶飞夫妇请我上他们家吃晚饭，我现在正在'制作礼品'呢。"

先生对福建的美食也印象颇佳，说那一路吃得很好，尽享美味。只是到广东时吃到一味，颇为鲜美，不知何物，后来被告知是蛇肉，膈应（别扭难受）了好半天。后来我请先生品尝福州的著名小吃——"肉燕"。这是把瘦肉捶打成泥，和以薯粉碾压成薄皮，裹以肉馅包成馄饨状，因熟后末端展开有类燕翅，故称。我曾经有一次（就是师母去世，我特意北上去看望他的那一回）备好原料，在他家包好请他品尝。这种小吃先生是欣然接受的。

福建还有一种芋头，福鼎所产，叫"槟榔芋"，类似炮弹形状大小，原产台湾，肉质酥软粉糯，不亚于荔浦芋头。我曾经给启先生送过两次，他都说"好吃！"

## 己卯春节前（1999 年 2 月 14 日）的一次谈话

己卯春节前的这次谈话在《启功年谱》中有比较详细的记述，恰巧那天回去后我也在电脑上做了笔记，两相对照，还是互有详略之处。例如《年谱》中未提及的——

那天的访客还有文物出版社的苏士澍先生等。先是启先生说："周有光先生在香港发表文章，主张'四化先要拼音化'。我校俞敏先生也有类似观点。这能做得到吗？"言下之意是大不以为然的。

随后谈起"文革"，说到魏建功和周一良先生。我的笔记与《年谱》所述有所不同：启先生说：

> 魏建功先生对我有个误会：那年他参加"梁效"大批判组，有人写信给他，骂他"无耻之尤"，他以为是我写的，用了"启功变体"，一生气把我以前给他的字、画都撕掉了。其实我哪有那么高的觉悟程度呢？说实在的，如果当初师大也有这么一个批判组，也请我参加，我不但会去，还会感到"不胜荣幸"的，因为起码表明我不是"敌我矛盾"了么！所以我怎么会给他写那样的信呢？魏先生也是"九三"成员，"四人帮"打倒后，我们在一起开会，当时没什么人理他，我还特意跟他聊天的。

> 这件事是周一良在他新近发表的《毕竟是书生》一书中提到的，只是没有点我的名字罢了。周一良其实没必要写这本书，为他参加"梁效"辩解，所谓"越描越黑"是也。

> 所以周绍良称他为"帮兄"。汤一介、林庚也参加过"梁效"，却没有人称他们"帮兄"。

我说起季羡林先生的新著《牛棚杂忆》，建议启先生是否也写点回忆录什么的。先生说：

> 对这本书我有不同看法。我的朋友张中行写了《流年碎影》一书，讲到"文革"中的遭遇。我说："你不必写这些。"他说："难道你没进过牛棚吗？"我说："非也，只是我们何必去'温习痛苦'呢！"

后来提起萧乾先生刚做了九十大寿，不幸于日前谢世了。先生叹息道：

> 萧先生的九十大寿做得太热闹了。年纪大的人是经不起太热闹的。正好，我给他做了副挽联：
> 忆昔时烽火沧桑笔底春秋久已流传不朽
> 乐晚岁优游文史年登九十堪称福寿全归

至于《年谱》提到有人说起启先生对商务印书馆有意见，先生加以解释的内容，我的笔记则不知为何，是阙如的。

## 《读〈论语〉献疑》

《年谱》1999年9月："先生仍在撰写《读〈论语〉献疑》。……先生说：'因人来人往干扰多，只好插空写一点，有时睡不着觉就想——构思，越写觉得要写的话越多！'"

2000年1月14日的谈话中告诉我："《读〈论语〉献疑》已写好，被中华的《文史》要去了。这篇文章一万两千多字，我原来还担心有些议论会与金克木先生重合，叫学生把他的文章（多数是发表在《读书》杂志的）拿来一看，还好，角度不同，说法不一样。"

启先生对他这篇文章是非常重视的，见到我总要郑重其事地加以介绍和讲述，曾说："我正在写一篇关于《论语》的文章，是考虑了许多年的了。""主要是想弄清楚：所谓'儒学'之中，到底哪些是真正孔子的东西，哪些是后来的人加上去的。"

对经学的了解与掌握，是我国传统知识分子的一项基本素养与学问根基。启功先生也不例外。对于先生这篇文章的学习，我想应该专门写一篇体会文章。

## 多人行，皆为我师焉

1999 年 10 月 23 日，在北京师范大学英东学术会堂举办了"启功先生学术思想研讨会"，有各单位专家学者、学校师生代表一百余人出席。《启功年谱》做了记载，但未刊出会议临结束时启先生的发言。我当日会后有所追记，启先生的发言完全体现了他谦逊幽默的语言风格。大致如下：

> 孔子说："三人行，必有我师焉。"那时人少。现在在座"多人行，皆是我师焉"。记得陈老校长说过："不要挑学生的毛病，如果都好了，何必来上学呢？考 55 分比 50 分进步，就要鼓励。"我现在听到的，都是鼓励，我哪有那么高的分数呢？都是 55 分以下的，现在各位都给抬到 80 分、90 分甚至 100 多分，我哪敢承当呢？

## 对高校合并和教学的看法

进入新世纪的第一年，2000 年 1 月中旬的一天，启先生跟我谈起对高校及教学现状的一些看法：

高校现在搞合并，搞专业调整，是必要的，50 年代学苏联，弊病很多，不改不行。不过现在有些人是为了争权、要钱（我插话说："实际上是搞'权力再分配'"），就没有意思了。

我说，在中山大学读研究生时，曾经听到容庚先生的感慨："过去我们一个人教几门课，现在你们一门课几个人教。"我还提及古书记载蔡京相府里的厨娘只会切葱花的事。先生说："确实如此。前几天《光明日报》记者采访我，问我为什么知识面比较广，我说以前那是为了谋生，什么都得逴一点儿，需要什么卖什么。孔子说：'吾少也贱，故多能鄙事。'（按：见《论语·子罕》）大概就是这个意思吧。"

## 谈健康

2004 年 3 月的一天，我去看望启先生，谈话中他问我："张政烺比我大四个月。听说得了脑软化，还在吗？"我回答道："没听说走了啊！"后来知道，张先生谢世于 2005 年 1 月，走在启先生前头几个月。他与启先生是同年生人。

启先生说："得了脑软化，不过这样活着也没什么意思了。"我说："是啊。老人最要紧是脑子好，脑子坏了，生命就失去意义了。"先生对我这些话表示首肯。

先生接着说："现在眼睛不行了，黄斑越来越厉害，快要瞎了。"我问道："还能用毛笔吗？去年看您'非典'时的字，是用硬笔的，感到难受。"先生拿过一支签字笔，说："要系上红带子，才容易找得见。"

先生随即感慨："有人祝我长寿，我说：'你姓什么？是姓阎吗？是叫阎王爷吗？你不掌生死簿，怎么能让我长寿呢？《西游记》说孙悟空把阎王爷的生死簿撕了，他就长生不死了。我没有这本事，所以随时会死。'

我这一问，没有人回答得出，都没话说了。"我说："我们语言所有一位吴宗济先生，是赵元任的学生。今年九十五了，还能打电脑，做课题。您的脑子好，就是体力差些，没大问题的。"先生听了，叹息道："唉，他姓吴，我可不姓吴啊。"

## 先生的身体

我结识启先生的地点就是在师大校医院，这说明他的身体状况并不是很好。他说自己患有"美尼尔综合症"，一发作就天旋地转。他送给我的自书"卓锥有地自逍遥"的诗稿，末联云"只怕筛煤邻店客，眼花撮起一齐摇"，说的就是美尼尔发作时的感受，此诗稿书于"文革"前的1964年至1965年上半年期间，那时他刚年过半百。现在知道，所谓"美尼尔"，又叫"耳石症"，耳石位于耳内，功能是保持平衡，如果错位，就导致剧烈眩晕，天旋地转；而及时闭目卧倒休息，耳石复位，即可恢复如常。当然，如果频繁发作，或者不易复位，其痛苦是不难想见的。

1973年3月11日他来信我任教的广东平远，提到"贱疾美尼尔症最近又犯了多次，大约自春节后就犯了近十次了，怎么好？"

其实这时候先生已经又患上了"颈椎骨质增生"，此病导致椎间孔狭窄，血液流通不畅，供血不全，也是表现为眩晕，而且更为严重。查阅《启功日记》（中华书局2012年7月版），先生于1973年10月18日至1974年2月18日在北大医院二部住院，主要就是为了治疗该病。其间，留下"（查出）骨刺较多"，"晚写字二张，靠墙坐忽晕，躺下即止""用力思索，忽然头转，当即卧床""晃转之际，眼即眩晕"等记载。除服药、注射外，施以"理疗烤电、牵引诸法"；后来医生建议佩戴脖颈支架。支架是到假肢厂制作的，有机玻璃材料，花了一个多月才做成，先生记有"取来颈架，试戴合适"。

1975 年暑假，我北上赴京看望先生时，首先看到的就是先生下巴底下的这个透明颈架，而当时先生已经佩戴习惯了。

这个颈架对于先生的眩晕症的逐渐康复起了重要作用。1979 年 12 月，先生赴广州参加中国古文字研究会第二届年会时，我已在中山大学读研，与先生重逢，见他已经不用佩戴颈架了，为之欣慰。

其后先生声誉日隆，应酬日剧，也进入了书法、绘画创作的高峰期，巨幅小品，无不如意，作品体现出先生精力充沛，神采健旺，那时他境外数赴香港、日本，境内优游上海、烟台、兰亭等地，应该说身体状态甚佳。

当然其间也屡有不适，乃至住院疗养。有时见到先生，说是刚刚出院，后来则又有一则广为流传的笑谈，即："差一点鸟乎了"（"乌乎"多一"点"）。他还常常感叹说："我的电不多了，也不好充电了"。但拜访先生，与之交谈，还是睿智博识、风趣幽默如故。大概自他年登八秩以后吧，每次见到先生，听他叙说身体欠佳，我都是说："年纪大了，难免身体有部件出毛病，只要脑子没有问题就行。"此语他甚是首肯。所以每次得知先生住院，我总是祈祷他及早康复，而且相信再见到的启先生，依然是健谈如昔，令人如沐春风的启先生。2004 年年底先生虽已身佩"紫金鱼袋"（导尿袋），但与我交谈时依然思路清晰，条理分明。他对我发了两个感慨，一是："咱们结识三十五年了，真是难得！"一是："我都没想到我这辈子还能活到九十三！"（先生那年虚岁九十三）

先生自幼体质较弱，1973 年住院，曾"与赵玉宾大夫谈，幼年头痛，眼前金线等症状，云为典型的血管运动性头痛（幼年有，至三四十岁即愈，发时有时半视等）。"（《启功日记》1973 年 12 月 30 日）中年以来，又相继罹患美尼尔、颈椎骨质增生、带状疱疹，80 年代后期又患眼底黄斑症，导致书写困难……但是先生终于得享九十又三的耄耋高龄，应该说是非常难得的，尤其联想到他的尊翁，年仅二十即已往生，他的高龄就更是奇迹了。

既然没有遗传的优势，那么启先生的长寿，就纯然出于后天的修炼了。考察先生的生平：祖父、恩师、朋友的全力抚养支持和姑母、贤妻的毕生辅助扶持，应该是一个重要因素；先生自己喜好书法绘画，得以陶情养性，强身健体，也是一个重要因素；更关键的我认为还是先生的性情好：宅心仁厚，善良达观，风趣幽默，助人为乐，进退得舍，均有法度，……凡此等等，无一不是延年益寿的法门啊！

东方出版社曾出版一本《国学大师的养生智慧》（余开亮、李满意编著，2006 年 3 月版），介绍了十位国学大师的长寿之道，启功先生也名列其中，可见启先生的长寿是引人注目的。"启功"一章的标题为："亲朋是福幽默增寿，书法养生仁德延年"，基本上也不外乎上述几个要素。

## 请勿照相

我结交启功先生整整三十五年，但与他"合影"只有一次，还可以说是"工作照"。（图 1a、b）

先生相貌堂堂，长得很"帅"，而且也很"上相"，但他可能不是很喜欢照相。他的书房墙上张贴着一张虽然不大却很显眼的告示："请勿照相"，可以想见先生对在他房中不经许可擅自照相的反感，其理由也是不难想见的。我也因此从未在先生的房中与他合过影。

一年春节，我曾带内人一起去给启先生拜年。先生很高兴，记得那天主要是大谈一位当时很热火的气功大师张宝胜的"特异功能"。辞别先生出门后，内人说："忘了带相机给你和启先生合个影了。"我说："带了也不能拍照，你没看到先生书房里那张'请勿照相'吗？"

在参加有启先生光临的研讨会时也许少不了还有合影，但我一直没见到并拿到。唯一的合影是参加王宁老师的学生齐元涛的博士论文答辩会，时间是 1998 年 12 月 31 日。先生是答辩委员会主席，我也受邀当了个委员，而且与先生邻座，会后有同学说给我和启功先生照了几张相，王宁老师也拍了照。过了几天果然送给我了。这难道不是"工作照"吗？当然我也很满足了，尤其是有王宁老师的摄影，使我特别高兴。

如今读到许多写启先生的书，不少书中都有作者与先生的合影，背景常见他的书房。我不知道这些照片是怎么拍摄出来的。

启先生的脾气太好了。

## 最后一次的谈话（2004 年 7 月 12 日，17：00）

今天下午去拜望先生，见到先生在楼下，坐着摆弄几块麻将牌。一见面就高兴地开起玩笑：

"我还没死啊！"

"哪能呢，我们不正在准备给您做寿，开学术研讨会吗？"

"岂敢岂敢！"

"真的，我们语言所和中国语言学会都要恭贺您这位语言学家的九十三大寿呢！"

"嗨，我哪算什么语言学家呀！？不过胡说几句罢了。你们可要口下留情，别把我太夸奖了！"（作揖。）

先生起来走了几步，给我看他身上带的导尿管和尿袋，说："看看我这'御赐紫金鱼袋'！"

随后说起李商隐的《锦瑟》，他把这首诗背了一遍，说道："都说李商隐这首诗是个谜，我认为他在诗里已经把谜底揭开了。我的老友张中行（大我四岁），他不相信，但他也没有更好的解释。"

说起最近《现代汉语规范词典》的事，语言所正在打"口水战"。

先生说："书名加'规范'，表示只有自己规范，限制别人，这不好。"

接着说："编词典要注意新词。新词无时不有。我小时候，先祖不许用'文明'一词，当时拐杖叫'文明棍'，他说：'别的棍儿就不文明了吗？'张之洞批评手下幕僚使用来自日本的新术语，批语中有'日本名词'的字样，手下人反驳说：'"名词"就是来自日本的词啊。'张无言以应。"

说起李慎之和他主张"复繁"的事。

先生说："这人我知道，不简单。'复繁'的事太大，岂是我们敢说？不过简体字确有流弊。一串对一个，难免不出错。树叶的'叶'，古代是叶（协）韵的叶。广东人读 za。"我插问："不是写作'人字旁'的'什'吗？"先生答道："后来才和'什'混的。《后汉书》的繁体，现在有的年轻人看不懂，闹了笑话。"

突然，先生很严肃地问我："老兄，（按：以前他很少这样称呼我。当时我一震，很是感动。）我们认识有几十年了吧？"我答道："1970 年到现在三十多年了。您对我恩重如山，教诲很多，可我就连您的皮毛也没有学到。"

先生正色道："不要这样说，不可自卑，不要自视甚薄。我年轻时曾经遇过两件事，一直没忘。一件是给寿石工老先生看我写的字，画的画。我说：'写的画的都不好。'他批评我，也是说：'不要自视甚薄。'再一件是一位长亲拿了我临的草书帖给冯公度先生看，长亲说：'这是一个小孩写的。'那时我二十出点儿头，长亲的意思是要替我谦虚一下。不料冯先生说：'这是懂草书的人写的！'一下噎得我那位长亲很是尴尬。"

"对学生、对年轻人一定要鼓励。我们陈老校长说过：一个学生昨天考了 50 分，今天考了 55 分，尽管还不及格，你就要表扬他，因为他多了 5 分，进步了。（我插话：您写过做教师要注意的九条。）是啊，也有反面的例子：辅仁大学中文系一位教师，还是系主任，一次批评一个学生的作文写得不好，这位学生叫张学贤，他说；'什么张学贤，真是学不贤！'第二天上课时，学生一进门就朝他跪下了，说：'老师，您怎么说我都行，但我的名字受之父母，怎能拿来开玩笑呢？老师您别来了！'这位老师羞愧难当，第二天果然辞职了。这才换了余嘉锡来继他的任。你看，这教训多大！"

"教师要敬业。我本来喜欢画画。解放后教育部有文件，说教师不要做与教学无关的事。我接受这个命令，50 年代起就很少画画了。"

启先生那天看来兴致很高，接着说："我已经九十二了。我做梦也没有想到自己还能活过九十。"我说："老人长寿，最主要是头脑要好，生命才有意义。您现在头脑这么好，（先生插话：现在记性不行了，老忘事。）这不要紧的，器官有点毛病也是正常的，您一定更长寿，要多多保重啊！怕您累，告辞了。有什么事要我帮忙，只管吩咐，这是我的电话。"我交给先生一个电话号码，先生也随手拿过一张纸片，写下他的电话号码，字是斜的，后两个数字几乎摞到一块。我看了心里难受。先生写完电话号码，又说："咱们还可以电话联系吧。说'帮忙'，分量太重了，真朋友才能这样。"我告别的时候，先生还笑着说："我现在腿不好，等腿好了，我还想到'白孔雀'看国宝复制品展览呢。"先生指的是北京工美集团的"白孔雀艺术世界"。

如今我还珍藏着这张纸片，用钢笔写的："启功　6220.6108"（图26），笔迹是颤巍巍的，最后两个数字都挨到一起，可见那时眼力确实不济了，每次展看，不禁心酸。

这是先生留给我的"绝笔"了！

时隔一个多月，再去看望他时，章景怀兄说他正睡未醒，后来到了10月中旬就听闻先生住院了。印象中先生晚年身体不好，时不时地就住院，但很快就出院了，依然可以谈笑风生，所以我觉得问题不大。没想到转年春节我回了一趟老家，回来得知先生已经不好，不能认人了。最后一次我上北大医院探望时，先生在 ICU 病房，景怀兄也在病房外头不能进去，跟我点了点头。我只能从病房门的玻璃看到先生在床上，身上插了不少管子。这就是我最后一眼看到的启先生，只好心情沉重地离开了。不几天就传来了先生谢世的消息。

没想到这竟是我与启先生最后一次的谈话！

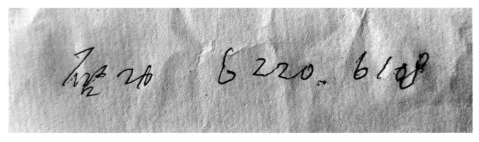

图 26　启功手写电话号码

# 回忆作为语言文字学家的启功先生

启功先生的人品风范，堪为一代师表；才情学问，举世罕有其匹。《世说新语·德行》叙郭林宗评黄叔度："汪汪如万顷之陂，澄之不清，扰之不浊，其器深广，难测量也！"启先生足以当之。关于启功先生方方面面的话题，是写不尽，说不完的。

作为北京师范大学的一名普通学生，有缘与启先生相识并承教整整三十五年，是我此生至大之福。先生对我影响綦大，恩重如山，我应该写出先生的教泽与我的感念。只是由于多年来囿于"课题"不断，事务缠身，一直没能着手，也不敢轻易率尔操觚。先生虽已仙逝有年，而其音容笑貌，在我心中历久弥晰。

也许是我后来从事语言文字工作的关系，对启先生这方面的感受会多一些，深切一些，同时与先生谈话后我也时常略有所记以备忘。值此先生百年诞辰之际，仅就语言文字方面与启功先生的接触与受教，分几个小题目谈谈。

## 关于古文字与文字学研究

启先生与多位在古文字学界享有盛名的前辈大师交往颇深，后者大抵与他有着辅仁大学的同事之谊，且多比他年长。而启先生作为"小字辈"，因自己的才华和学养，得到大师们的欣赏与关爱，在他们面前，也显出"小弟弟"的模样。例如他与于思泊（省吾）先生都喜欢收藏，有时得到"好东西"，不免"显摆"一番，一次他不无得意地跟我说："中华（书局）汇印《论语》各种版本，洋洋三大册，但漏收一种日本的，年代相当于我国清代道光年间吧。我早年在海王村用六角钱买到，是全二册，跟于思泊先生一说，他说：'你尽管捡去吧！'说我'捡漏'。这部书他是花了整整三十块大洋买的，所以这么说我。"

他又常和唐立庵（兰）先生一起鉴定古代书画。唐先生非常重视启先生的意见。一次，在对一册宋人书札进行鉴定时，唐兰、徐邦达、刘九庵等先生都在场，"意见不完全一致"，听了启先生意见，"他们几位以为理由可取，……最后唐先生说：'你这一言，定则定矣。'"（《启功丛稿·题跋卷·书画鉴定三议》）这足以见出启先生在这些前辈学者中的分量了。

我于1978年考上中山大学研究生，见到容希白（庚）先生，谈起启先生时，他深情地说："元白是我三十多年的好朋友啊！"次年中大主办第二届中国古文字研究会年会，启先生莅穗参加，约我会后陪他看望容先生，多年未见的老友重逢的那一幕，是我作为后辈的旁观者难以忘怀的。

以至于古文字研究"四堂"之一的郭沫若（鼎堂）先生，在发起

"兰亭序真伪之辩"时，也主动托人请启先生撰文支持自己的观点，——
这种作为，当然不足为训，却也表明了启先生在学界的举足轻重。——
那时他还只是年逾五旬，就年资而言在学界不过是个"晚生后辈"而已。

启先生以一部《古代字体论稿》奠定了他作为文字学（包括古文字
学）大师的地位。这部著作，篇幅不大，却是专门就古代文献中关于汉
字字体的繁多杂乱而且相互不无抵牾的记载，进行爬梳剔抉，品题评定，
得出一家之言，是典型的"以少少许胜人多多许"的著作，影响所及，
可以说现今每一篇与汉字字体有关的研究论著、文章，都无不以之作为
参考和引用的文献。

我因反复研读这部著作，又不断通过向先生求教请益，从一个生物
系本科学生走上文字学的学术道路。虽然所成有限，但我始终流连于它
给予我的嘉惠和营养。

《古代字体论稿》1963 年由文物出版社出版，当时启先生五十一岁，
这是他的第一本专著，也是长年用功积累、厚积薄发的成果。古文字学
会邀请他参加年会，就是基于他具有这方面的深湛研究。他在这方面也
从不故步自封。20 世纪 70 年代之后，出土的古文字材料日见其多，启先
生不断补充到他的这部《论稿》中。1999 年 3 月，文物出版社出了此书
的新版，启先生在这一版增加了河北满城出土的战国中山刻石和湖北云
梦睡虎地的秦律简，用新的出土材料充实、证成汉字字体发展的更为完
整的环节和准确的轨迹。

不过他自己说起这部著作，却是轻描淡写。已经是新世纪初年了，
一次与他谈起此书时，他说："我的那本只是个'稿'，不能算正式著作。"
我说："不是后来又补充了不少材料吗？"他说："哪能补得完呢？新出土
的东西那么多，'九店''郭店'，……"我说："现在还有'上博'，听说

要出六本。"他说:"是啊,真多。还有'里耶秦简',真不得了。"

还有一次谈起古文字考释,甲骨文之类。启先生认为:"上古巫、史合一,司马迁说的'究天人之际,通古今之变',确是实情:前一句指巫,后一句指史。这种职业是世袭的,所以他犯了事,汉武帝对他施以宫刑,就是要他绝后,中断这一职业。由此我想到甲骨文中的'贞人',有没有可能是带家族性质的,一个家族只用一个名字?"我说:"这个问题可太大了,涉及甲骨文的分期问题。"他接着很认真地说:"这个问题我想了几十年了。以前也请教过于思泊和唐兰先生。"

又说:"还有一个字,就是《诗经·豳风·七月》'以介眉寿'的'眉'字,我想能不能释为'美',因古文字字形中有酒樽形的部件。古人不是以有酒喝为美吗?这个意见也同那两位先生谈过,他们都笑我。"

这些事例,均可见先生对古文字研究的执着与投入,同时也可见他的率真,并不讳言他与这些前辈学者的不同意见。其实古文字、包括甲骨文的考释,未有定论者甚多,但并不妨碍各自提出自己的一家之言。

20 世纪 90 年代,湖北荆州郭店出土楚简,有早期《老子》抄本三种,海内外为之轰动。启先生也很关注,一次见面时就说:"《老子》,最早是王弼注本,其次是河上公。后来发现马王堆帛书甲、乙本,北大高明考证近王弼本。郭店一下子发现三本,很值得研究。说明当时《老子》很热。"但是他还有进一步的思索:"我们常说'黄老之言','老'现在发现不少了,但是'黄'到底有何言?《黄帝内经》只是讲医学的。不知道将来会不会出土关于黄帝思想的新材料?"现在记在这里,作为启先生的一个预言吧。

## 关于《汉语现象论丛》

我一直认为启先生具有中国传统知识分子的身份认同情结，他治学面广，且均有卓越建树，但他尤其看重自己通晓汉语言文字的"小学家"身份。所谓"小学"，就是传统的语言文字学，是中华文化（许多人称为"国学"）的精粹部分。它是融汇了中国古代无数典籍文献、各种文史哲知识及文字、音韵、训诂知识的学问。启先生的恩师陈垣（援庵）先生，虽以治史最为著名，但也著有诸如《史讳举例》这样的力作，从传统小学的角度而言，也不愧是经典之作。上述几位与启先生多年交好的前辈学者，也都是这方面的大师级的人物。启先生自己说："我一直教书，所教的仍是语文方面的课程，……首先是扫开语言文字上的障碍。"（《汉语现象论丛·前言》）"回忆起来，这五十年工作的绝大部分，都是把文言变成白话。"（同上《有关文言文的一些现象、困难和设想》）毫无疑问，他认为语言文字学是他本职工作的基础，在这一领域做持续研究他自视为分内之事。

《汉语现象论丛》在香港出版之后，先生非常在意这部著作在语言文字学界的反响。当得知我已读过这本书，他常问我："你们搞语言学的，对我的胡说八道有什么意见啊？"

我于上世纪 80 年代在中央广播电视大学任教之时，曾经花大力气，策划并制作了一门叫作"中国古代文化史讲座"的课程，分若干讲题，其中有一个"金石书画漫谈"，便是聘请启功先生讲授的。他在开讲时深情地说："伟大的中华民族文化，我认为好比一朵花，花蒂、花蕊、花瓣等，都是它的重要组成部分。这个文化史讲座的各个方面，好比是花的各个部分，金、石、书、画也是其中的一个部分。"

这个比喻以其恰当与深刻，给我留下深刻的印象，之后我在关于《汉语现象论丛》的一篇读后感文章（即《赏花者的审根情结》）中写道："如从这个比喻作引申，则文学艺术包括金石书画等等，好比花蕊、花瓣之类，而语言文字等似应属于花株的根的部分。因此启先生不但是作为艺术家的赏花者，而且具有科学家的审根意识和技能。一部《论丛》，就是他郁积多年的审根情结的抒发。"

"《论丛》的篇幅并不算大，全书字数只在十八万上下，内容却涉及汉语词、句特点，古代诗歌、骈文的语法，比喻与用典，工具书编写，诗文声律，乃至对八股文、新诗、子弟书的评骘等，其分量之重，借用作者的好友张中行先生的常用话来说，就是：'令人扛不动'。"（同上）

我认为《汉语现象论丛》是一部少有的真正针对汉语特点"摆现象，讲道理"的语言学专门著作。从汉语语法学的方法角度而言，其中有关汉语语法的论述，与近年来兴起的"字本位"学说有些接近。对"字本位"语法的评价与接受度，在语言学界尚有不同意见。这里一言难尽，但总之是值得探讨的。

我说："您的大作是在香港出版的，我们所里买了，可是大陆学者一般看不到，怎么发表意见啊？"随即我建议他将此书出个内地版，也就是简体字版，以便内地学者研读，他颇以为然。

此后不久的一天，就得到启先生的一封信——

董琨同志：

承示高见，于拙著《汉语现象论丛》一书中一些论点，以为值得探讨。而此书只在香港商务印书馆（出）版，内地尚少流通，因此有些位读者，欲阅无从。尊意以为可在内地出一种规范字重印本（即简体字本）。此议弟甚感荷，但未知哪一出版机构愿予出版。兹即奉托，祈分神惠予联系，倘有成议，弟当将港版本中之校勘表及可再加入之篇奉上（只一篇）。诸多分神，无任感谢之至！

专此即致

敬礼！

启功上言

1995.10.27

我得到这封信，随即征求启先生意见：给哪一家出版社合适，比如人民（出版社）、文物（出版社）、商务（印书馆）、中华（书局），等等；因为以先生的名望，相信哪个出版社都会乐意出版他的著作的。不过先生说："我倾向于给中华书局。我对'中华'很有感情，标点《清史稿》时，在那里住了好几年，简直成为我的'第二家乡'了。"于是我将此信交给在中华书局供职的老同学陈抗，他只要了复印件，之后很快答复说中华愿意出版此书的简体字本，而且就由陈抗来担任责任编辑。同时作为一道程序，还要我以语言学工作者的身份，从语言学角度为此书写份推荐材料。材料我很快交去了，后来不知怎地，这份材料在未告知我的情况下，以单篇文章的形式（等于书评吧）在东北出版的一份书评杂志上发表了。

内地版的《汉语现象论丛》补充了一篇新作——发表于《北京师范大学学报》1994 年第 6 期的《从单字词的灵活性谈到旧体诗的修辞问题》。新书出版后，北师大中文系专门举办了"启功先生《汉语现象论丛》学术研讨会"。好几位前辈学者如钟敬文、冯其庸、郭预衡等都参加了，他们对这部著作给予高度评价。由于这部著作所具有的学术含量和水准，不久就获得了"中国图书奖"。这与责编陈抗先生的细心编辑、校勘也是分不开的。尤其是那篇《诗文声律论稿》，有许多平仄的标示，极易出错，港版中就有不少，而中华版经陈抗的编辑加工，基本上将这些问题消弭解决了。启先生为此十分满意，后来不止一次向我称赞过陈抗。

《汉语现象论丛》的内地版出版以后，启先生还多次征求我的意见，——有时是给我打电话。我把倡导汉语"字本位"语法的代表人物、北京大学徐通锵先生的观点讲述给他听，启先生很感兴趣，而我自己则就启先生这部著作写了一篇题为《赏花者的审根情结》的读后感，参加了北师大的那次研讨会。文章后来发表于《北京师范大学学报》1996年第4期，算是我交给启先生的一份作业吧。每次我跟他说有这样的"作业"，他总是很高兴。其实在我看来，社会上、包括语言学界对启先生这部著作的重视程度是远远不够的。我发表于《北京师范大学学报》的文章，意图是作为"科普"的，即是向不以语言学为业的广大读者介绍启先生的语言学成果，所以先是投给《读书》杂志。当时所里（社科院语言所）一位老先生看过，也认为是《读书》杂志文章的路子，还问我要不要请吕叔湘先生推荐一下。我认为不必了，何必惊动吕先生呢！可是没想到此稿竟遭"枪毙"，说是一般读者可能看不懂，对此我只有无语而已，也许写得确实不够"科普"吧。

汉语语法学界的主流，对"字本位"的语法学一直不是很接受。当然我认为"字本位"语法本身也不成熟，同时缺乏语法分析的可操作性（比如不能体现语言与线性同时存在的层次性），所以连带着对启先生的《汉语现象论丛》也缺乏应有的重视。

不久以前，我在一部题为《国语运动与文学革命》（吴晓峰著，中央编译出版社 2008 年 12 月版）的论著中，不意读到对启先生的这部著作的一些评论，作者认为启先生的这部著作是"对传统语言文字的价值进行重估"。"他（启功先生）认为汉语不仅在诗歌的节拍、辙调中发挥着重要的作用，还为其他体裁提供了模型，是中国文学传统的强大凝聚力，从而论证了古典汉语对于中国文学的重要意义。"（《绪论》）我觉得这种评论角度比较新颖，也相当到位。

由王宁先生主持，启功先生也名列其中的北京师范大学民俗典籍文字研究中心，高度重视启功先生的语言文字学成果，2004 年 7 月，启先生还健在的时候，就编成了一部文摘汇编《启功先生论语言文字》，从启先生诸多论著中撷取有关论述语言文字的部分，将近二十万字，并在启功先生九十三寿辰之际，召开了"启功先生语言文字学学术研讨会"。我也专门撰写了一篇八千多字的论文《作为语言文字学大师的启功先生》（后来收入《民俗典籍文字研究》第三辑，北京师范大学民俗典籍文字研究中心编，2008 年 12 月）。启先生因身体欠安，未曾莅会。会后我把这篇文章交给启先生，说："再给您交一份作业。"先生露出欣慰的笑容。

## 关于语言文字工作

启先生对中华人民共和国成立以来的语言文字工作是很关心的，也有许多高见。这里仅就记忆所及，略谈一些。

主要是汉字问题。众所周知，20 世纪 50 年代以来语言文字工作领域最为重大的举措是推行了简化汉字，简化字被视为规范字。对此，启先生是接受的。同时，他具有强烈的规范意识，就是：公开场合必定书写简化字。他书写的北师大校训"学为人师，行为世范"，就是标准的规范字。他对那种认为"简化字当不了书法"的论调是不以为然的,说道:"写得好就是写得好,写不好就是写不好,跟是不是写简化字没有关系。"而在传统书法作品创作方面,先生还是喜欢书写传统汉字,也就是繁体字。在我看来,书写无论繁简,他都是得心应手,左右逢源的。这倒是与国家领导人后来所说的关于汉字的三条政策(即:第一,继续贯彻执行国家现行的语言文字工作方针政策,汉字简化的方向不能改变。各种印刷品、宣传品尤应坚持使用简化字;第二,海峡两岸使用的汉字,当前可各自维持现状,一些不同的看法,可以留待将来去讨论;第三,书法是一种艺术创作,写繁体字,还是写简化字,应尊重作者的风格和习惯,可以悉听尊便)的精神是一致的。

对于曾经一度时兴的"汉字要走世界共同的拼音化道路"的说法,启先生则是不赞成的。一次他用很不以为然的语气说道:"周有光先生在香港发表文章,主张'四化先要拼音化'。我校俞敏先生也有类似观点。这能做到吗?"

当然,由于50年代时代特点的局限,简化字并不是没有问题的,尤其是在当今普遍应用计算机,又与海峡对岸恢复交往的情况下,这些问题就凸显出来了。

一次,我在启先生书房里聊天,正好他的一位老朋友、中华书局的赵诚先生也在,谈及中华书局出版了简体横排本《二十五史》,结果读者反而争相抢购繁体字本。启先生笑着说:"看来如果想促销繁体字本,不妨先放出风去,说是要出简体横排本,这样繁体字本就卖得快了。"由此话题转到繁简汉字的利弊。启先生说:"简体字是要推行,不过简化字也确有流弊。一串对一个,难免不出错。树叶的'叶',古代是'叶(协)韵'的'叶'。《后汉书》的繁体,现在年轻人看不懂了。"我知道这是指北大吴小如教授在一次报告中痛心疾首提到的一件事：有一天他到图书馆借阅《后汉书》，因为该书的书名原先都是使用的繁体字，年轻的工作人员看不懂，找了一通，居然回答说："我们这里没有这部书。"这里涉及古籍整理和印行的用字问题。确实，许多前辈专家学者，诸如国家图书馆馆长任继愈先生等，对此问题都做过专门的呼吁。

一次我向启先生说起异体字整理和简体字字形中存在的问题，认为有关这两项工作的文件已经发布、施行半个世纪以上，现在已然不好改了。启先生听完发表意见，有些激动起来："为什么改不得？ 50 年代许多问题不是都改了吗？'反右'算不算一件大事，还能大过它去吗？"

我还谈到现在有些人主张"复繁"，即恢复繁体字。说起我最近读到一位名头很大的人物写的文章，就是直截了当，主张"复繁"的。

启先生说："这人我知道，不简单。不过'复繁'的事太大，岂是我们敢说？而且这个问题涉及台湾方面，所以要慎重，不能随便发表看法。"

曾经读到中华书局傅璇琮先生的一篇文章，说："1957 年夏，启先生在北师大执教，据说因对字体改革即施行简体字有异议，被划为右派。"（《记启功先生两封信》，载王得后、钟少华主编《想念启功》，新世界出版社 2006 年 9 月版）我认为这恐怕不准确，启先生当时不会对简化字的推行发表不同意见的。

## 关于社科院语言所

对于我后来供职的中国社会科学院语言研究所，启先生也很关注。我是 1988 年年底才从中央广播电视大学调到语言所的。当把这消息告诉启先生时，他说："我跟贵所孙德宣先生是同学。他父亲教过我们语文，有个口头禅：'是吧，是吧。'"说完，笑了起来。

我初到语言所，分配在词典编辑室。任务是参与维护、修订国家品牌辞书《现代汉语词典》，编纂《现代汉语大词典》。正好，孙德宣先生也在这个编辑室工作，我与他成了不折不扣的同事，真是荣幸之至。说起启先生，孙先生倍感亲切，用敬佩的口气说："他是我们同学中最有才华的一个！"

记得是 2000 年的春节前，我去看望启先生，顺便请先生为语言所主办的杂志《当代语言学》题写刊名。他当时就拿出毛笔来，还说："这是我的'光荣任务'。"可能一时没听清是给刊物题名，还以为是为我的文章书写标题，所以写完后笑眯眯地问："是我公的大作？"我明白这是化用《华佗传》的句子，就说："岂敢岂敢，是我们所的杂志啊。"

这个"我公"，似乎值得说几句，因为现行各种辞书，包括专收古汉语词汇的《辞源》，以及"古今兼收"的《汉语大词典》，都没有收录这个词。此词应该是源于《三国志·华佗传》："似逢我公，车边病是也。"此处"我公"是指"我父亲"。但是"公"后来可作为敬称，称"某公"犹如称"某老"，而当面称"我公"则更显亲切了。启先生似乎喜欢使用这个词，他给西北大学薛瑞生先生的信中也有"必我公大著为独辟鸿蒙矣"之语（薛瑞生：《大星没去光犹在》，亦载上引《想念启功》）。[ 按：近阅《冬青老人口述》，在给卞孝宣先生一次信中，启先生也称他"我公"。（"希望我公和韩老指正。"见《冬青老人口述》82 页，凤凰出版社 2019 年 10 月版）] 他的国学根基、遣词造句的特点与幽默，于此也可见一斑。

一次我们说起老年人健康的话题，他说自己身体不好，我说："您的脑子好，就是体力差些，没大问题的。我们所里有一位吴宗济先生，是赵元任的高足，九十五了，还能打电脑，做课题。"先生听过不胜羡慕，但是随即又叹口气："唉，他姓吴，我可不姓吴啊。"

对语言所编纂的《现代汉语词典》，启先生也多次表示关心，有所评论。当然基本上都是正面的评价，不过也提了意见："有些说得太细了，近于烦琐；比如'是'字，列了三个字头，十五六个义项，不是太细了吗？谁能完全掌握得了呢？"

启先生说："编词典要注意新词。新词无时不有。我小时候，先祖不许用'文明'一词，当时拐杖叫'文明棍'，他说：'别的棍儿就不文明了吗？'张之洞批评手下幕僚使用来自日本的新术语，批语中有个意思是不得使用'日本名词'的字样，手下人反驳说：'"名词"就是来自日本的词啊。'张之洞就无言以应了。"后来我读到《启功丛稿·题跋卷》中有《新名词》一篇，就是讲及此事的，只是没有点名，易之以"某达官"而已。

一次说起词典应该跟着时代走，我告诉先生，"荨麻疹"的"荨"字，按照原先的读音规范应该是读 qiǎn 的音，可是因为底下是个"寻"字，就都读成"xún"的音了，连医院的大夫都这么念，所以我们就承认了这个读音，新版《现汉》就有这个音，不过只用于"荨麻疹"，要是"荨麻"还得读 qiǎn。先生听后，甚表赞成，说："就该这样！"随即又幽默地说："照我看，'酗（xù）酒'的'酗'，也应该改成读'凶（xiōng）'，你看喝醉酒的人不就是很凶吗？哈哈！"

一次，我对启先生说："语言学界都公认您还是语言学家，语言所和中国语言学会要给您开会祝寿呢！"他听了，笑道："嗨，我哪算什么语言学家呀！？不过胡说几句罢了。你们可要口下留情，别把我太夸奖了！"说着，一边还开着玩笑，作起揖来。

　　启先生与语言学界的大师、我所老所长吕叔湘先生也是老朋友。1998 年 4 月 9 日，吕先生病逝于协和医院，我将此消息告知启先生，他不胜痛惋，随即拟就并工整书写了一副挽联："探语法，辨修辞，先路辟蚕丛，业广千秋尊硕学；培国本，育英才，丰功垂禹甸，辉腾四裔仰宗师。"落款为："后学启功敬挽"。

　　这里的"蚕丛"一词，用得实在高明。按："蚕丛"原是人名，相传为古代蜀王的先祖，曾教人蚕桑，开辟了蜀地的文明。后来也用"蚕丛"喻指蜀地。这里指吕先生对近代汉语的研究与学科的建立，有开创之功。凑巧的是，吕先生开展近代汉语研究，正是在 1940 年暑假后，迁居蜀地成都，任华西大学中国文化研究所研究员之时。所以，"蚕丛"在这副挽联中，具有多方面的丰富含义，说明了启先生对吕先生生平及学术成就的深入了解与高度评价。这副挽联是用心拟就的，绝非泛泛的应酬之言。

［刊于《以观沧海——启功百年诞辰纪念文集》

（文物出版社 2012 年 7 月版）］

# 岭表来鸿——启先生赐书

我于 1970 年春与启功先生在北师大校医院结识，1972 年 4 月"毕业"，分配到广东省平远县担任中学教师，直到 1978 年恢复高考招生，我考取广东中山大学中文系研究生，这期间与启先生多靠信件往来。至今我保存着先生给我的几封信，也是我的珍贵收藏。这里予以公开发表，按来信时间先后排列，信的正文后加有 说明 ，略叙其背景及所涉及的人、事或读信的一点感想、体会。某些部分的内容或许已在其他地方有所引用，特此说明，请予谅解。

一、1972 年 9 月 24 日

董琨同志：

非常抱歉！自接到来信后，已耽搁好长时间才写这封复函，想你或不见怪吧？

当分别两个月之后，未见来信，我曾写信询问刘世凯同志，问他接到你的信没有。当接到你的信后一两天，刘同志到中华去，我们共同谈到你的情况，都为之安慰！

　　你分配的地区虽然比较偏僻，但工作和自己用功，是不分地区的。现在邮寄也很方便，通信或寄书都不成问题。只有当地供应如何，不会有首都方便和丰富，是可以判断的。

　　我现在仍在标点《清史稿》，中间学习中央文件，又脱产学习马列原著六本书。因为长沙马王堆出现汉代帛画，现在要印一大本，要我写一篇说明，又费了三个星期。中间美尼尔症又犯了一次。其他无可奉慰者。最近首都市场特别繁荣，国庆喜气迎人，你是可以想像得到的。

　　你们在那里缺乏什么？如有要我在北京代办的，不必客气，请随时告诉我。

　　希望常来信。不要矜持，不拘形式，不妨用谈天瞎扯方式，更不要写好字，何如？

　　北京最近并没出什么新书，海王村中国书店门外又开了一处，专卖古书，凡四部丛刊以至各种的排印、石印等等古书，都公开售卖，但没有什么特别东西。这只足以说明这类经史子集的古旧书，不作四旧对待而已。

　　《史记》中华重印本又已卖光，你买去一部真巧了。《三国志》在挖改误字重印中，《后汉书》在重校中，《汉书》尚未动。《通鉴》也在重校中。

　　余无可奉告者。马王堆发掘简报一册，有插图，如《文物月刊》那样本子，你见到了吗？

　　夜深了，不多写了，明天还要上班，即此住笔，专候

　　凡百顺利，身体健康！

启功

1972.9.24 星（？）日夜

说明　北师大 1970 届毕业生（我是生物系的）因参加所谓清查"五一六"，延至 1972 年 4 月底才分配离京。我 5 月去分配地广东省梅县地区平远县教育局报到，被派发到一个公社中学（名曰"热柘"）。从首都北京一下子来到这种"鸡鸣三省"的边僻地方，加之无法从事专业（当时中学没有生物课），只好先教化学。初来乍到，人地两生，心情自然难以舒畅愉快，一时也就疏于音问，包括给启功先生报平安的信，都没有及时写。看到此信，深为启先生对自己的关怀所感动。信中说："分配的地区虽然比较偏僻，但工作和自己用功，是不分地区的"，确实对我是很大的鼓励和鞭策，使我得以努力工作，勤勉用功而没有颓唐，荒废时日。

还很有意思的是先生说"希望常来信，不要矜持，不拘形式，不妨用谈天瞎扯方式，更不要写好字"。其实我在先生那里，能够写出什么"好字"呢，比较拘谨以至于显得矜持是有的，所以先生要我放开写，不要拘束。

此信开头提及的"刘世凯同志"，是我的一位世交长辈，在中国科学院图书馆工作。启先生常去，得以结识。"科图"位于王府井北边，当时先生在王府井八面槽"中华书局"从事"二十四史"标点，相距不远，所以往来方便。

## 二、1973 年 3 月 11 日

董琨同志：

前后两次接到来信，迟迟奉复为歉！贱疾美尼尔症最近又犯了多次，

大约自春节后就犯了近十次了，怎么好？

许多要谈的，从何说起？

先说寄来的书签拓本，极为精美！这位同志的艺术才能是可佩服的。你说他所见不广，我看他却很入门径。只是未署姓名。我觉得他大可以在写篆书和识篆书上多用些功。因现在这一方面后接班者太少，地下出土的古器物文字日见增多，研究者远远不足，这位青年同志如能多读郭老和一般的讲金文甲骨的书，成就总比仅仅刻字要大的多，你的看法如何？

承惠石章，谢谢，包裹石章的一袋花生，尤其新鲜，至谢！印章刻的也很好，可惜石章上有陈子奋先生的边款，知原刻已经磨去，殊为可惜。此君的边款，看来稍逊于陈老师，印文部分则非常精彩，你为（的？）看法如何？

令伯父命书，我一定好好地写。但说他要寄纸来，却还没收到。我太疏忽，你的前一封信被我遗失，伯父的上款，我记不得了，也不记得是在广州那位否？广州嘉（家）遵先生最近有信否？你去信了吗？

你现在教什么课？生活怎样，寂寞吗？"杜诗镜诠"现在还无法配补，以后有书买，我可以买一部寄去，如果不限定"镜诠"，那更好办了。

你有朋友了吗？课余干什么？体育锻炼很要紧，不可一直爬桌子！

来信可以随手放手写，写白话，如喜作文言，可专作文言文，愿意寄给我看，我十分欢迎。给熟人写文言当作游戏没什么，如给生人或谈公事，文言文容易"误事"。一是自己"辞不达意"时易误事；一是对方看不明白时亦易误事。对不对？

我现在仍在中华书局标点《清史稿》，大约今年可以完成，交印。但印出样本仍须点者再校。所以彻底的完成还谈不到。

最近我的小屋墙壁要塌，将作修缮，堆得满地是书，没有下脚处，挤在一个桌子角上写这信，你是不难想像的。

不写了，下次再谈。

希望时常来信，又希望恕我回答太迟！

即致

敬礼！

启功

1973.3.11

说明　此信开头说到先生的痼疾"美尼尔症"反复发作多次，令我无比担忧牵挂！

我在福州老家有几位工于书法篆刻方面的朋友，一位叫陈达，一位叫石开（后来成果卓著，逐渐都有一定的知名度了）。陈达还有一绝是刻竹，能在打磨好的径寸竹片上镌刻甲骨金文，惟妙惟肖，高雅脱俗。我将他的作品拓片寄给启先生指教，先生大为赞赏，以后且一直关心。石开那边，我刚好得到一颗旧印石（曾经家乡名画家陈子奋先生所刻），就请他刻一方名号印送启先生，先生认为印文"非常精彩"，也是充满鼓励。

我的堂伯父董家遵先生，是中山大学历史系教授，曾参与新旧《唐书》的标点，所以启先生认识他。

此信先生对我有两个告诫，一是要重视体育锻炼，"不可一直爬桌子"；二是慎作文言文。此后果然被先生"不幸而言中"，受到批评。

## 三、1973 年 11 月 24 日

董琨同志：

前获一函，最近又获一函附竹书签及拓本，藉悉一切。功自今夏以来，眩晕症日发日剧，至十月十一日已极严重，在北大医院急诊室治疗七天，等候床位。至十八日始住进医院，今已一月有余，症状略好，始得具书奉复，但坐于床上，背靠被枕，足下见其字迹，可以想见其况之狼狈矣。

来示所谈读书教课情况，至以为慰！至所需书籍，不妨酌开急需者惠示，功可于书店留意，万一有得，自可奉寄，但时间未易确保耳。

令伯父命书之纸，确未接到，拟先就普通尺寸书一两件，倘不合用，可再补书。尊友嘱书，亦必应命，勿念！只是统须俟出院后始易著笔，想定蒙谅察也！

现在拟详谈谈尊友陈同志刻竹之艺：陈同志刻竹，眼明手准，极为精致可爱。缩摹伊墨卿、王觉斯诸字，尤为神似，但功于欣佩之余，窃愿有所建议：

1. 如此细小的竹片，不成器物，且字迹太小，费力太大，如今年青，倘不爱惜目力，不久便花眼。且自明代以来，刻竹高手日少，陈同志倘能及时努力，多刻些容易为大众习见而又为别人不能的，岂不更好！这例如臂阁、笔筒、插屏、镇纸，还可自出新意制做可以悬挂的竹片等等，自更大方醒目。（正文旁又注明：别人不能，不在器物形式，更在刻法。）

2. 看其所摹王铎、伊秉绶的行草书，于原作之用笔结体无不准确，有此本领，正宜多写（画我没见，想必可观），把笔写的工夫用到，能用笔

写成个面目，便比仅能用刀就更大更宽，即在刻法上也必有新的意境。

3.宜多看书，看帖看画册，见闻宜广，刀（笔）下必有新意。4.宜心虚、冷静地对待自己的作品，有疑问多问人，写信不"怕丑"，有什么说什么，尤其不以暂时的条件困难而灰心或急躁（例如找不到材料等），自然易于成功。我竭诚地用这些不成熟的建议来报答他赠我的精美书签，行吗？（我不另给陈同志写信，请你转达何如？）

这两篇纸写了几次了，暂此止笔，稍暇再谈，好吗？

还要问你的婚姻怎样？成熟了吗？

匆此即致

敬礼！

启功

1973.11.24

说明 启先生在自己病情稍缓，即在病床上倚枕作复，所谈又主要是对一位不相识的年轻人刻竹艺术的评论与建议，诲之谆谆，一信两纸，"写了几次"；最后还关心我的婚姻情况，胜似慈父，能不令我感激涕零！

## 四、1975年4月19日

董琨同志：

许久未通信，敬想一切顺利进步！

功自七三年冬眩晕病大发之后，即住进医院，住了四个月，去年春出院，仍在家疗养，并未上班。去年冬老妻复病，缠绵三个多月，十余日前，终于死去。功在医院护理她很长时间，今事过境迁，反觉精神体力大不如紧张护理时。一切无可多谈，每日恍惚。有友人来谈，精神抖擞，如无事然，客去入睡，便成痛苦时间。有打油诗十余首，不忍心重抄，以后托人代抄奉寄。此时无人来，又不愿看书，想到天南好友，久疏音问，信手作书，谅不讶其草率！

前令舅刘世凯同志来相慰问，言与足下亦久未通信。不知最近工作、婚姻等如何？暇时望惠我数行，以慰远念！

未写前觉得有许（多）话想说，提笔写来，又俱想不起来，想得蒙谅察其颠倒！

专此即致

敬礼！

弟启功上言

三月廿九日

此笺寄出后，因"平远"误写"清远"，遂致退回，今又二十日，改写函面，重付邮寄。不知此次得寄达否？功又及，四月十九日

说明　这封信距前一封竟有将近一年半之久，其间，先生遭遇丧妻之痛，心情可想而知。我读到此信，亦与先生同悲，怀念之情，不能自抑，遂于该学期暑假之时，束装北上，到达北京重逢先生，先生欣喜，招以住宿，夜于睡榻诵悼妻诗，几于达旦。又：信中称我为"天南好友"，令我深感"荣幸之至"！

五、1975 年 9 月（？）12 日<sup>①</sup>

董琨同志：

别后颇盼得知行程如何，顷获手示，至为欣慰！

足下工作倘能调整，此为极大好事，但望能早日实现。凡事又贵退一步准备，万一此时不能即成，亦勿灰心，时间、地点、条件，为万事之基本因素。用功不懈，为在我可操之条件，当为其他条件之首位也。高明以为如何？

所示诸项，分别奉复如下：

一、所惠扇骨，上次晤尊舅，未闻谈起，想他忘了。以后自会转到，先此致谢！

二、陈同志刻竹扇骨如此之快，甚为感谢！惟至今尚未寄到，恐铁路因水有不通处，邮包迟滞自在意中，收到即行奉告，请勿念！

三、北京文物局有一位王世襄同志，与尊舅亦相识，亦福建人，其舅金东溪、金西崖俱善刻竹，王君正为西崖整理刻竹之著述。彼对陈达同志作品（弟将所存之竹片及拓片请他看），极为称赞。他闻来自福州之何同志（调演地方戏之干部）言，陈达、刘（石）开诸同志俱为何同志之父的学生，何老先生与王君亦熟人，近尚有信。谈起极为高兴，以后颇可由何老转介与王，常向彼研讨也（当然弟已介绍在先，即直接与王通信亦无不可）。此只是学术上事，如求来京工作或参观，尚须再找门路也。

---

① 信末时间只署十二日，作者据邮戳上的数字辨认时间大约为当年 9 月。

四、黄金律之说，拟略草轮廓，将来再请为我润色。惟近时《清史稿》校样极紧张，恐一二个月内尚难起草耳。

五、遂初堂集，弟未见过，艺文编目手下未搜出。确在箱中，容日检得，定查以奉告。

六、来书写作俱胜，惟文言文之信札，亦有其一些习惯。倘不怪其冒失，当为注出几处奉览，以后向朋友作书，更可十分完美也。（举例言：起手"某某先生："之后用"近安"二字，即不算习惯，因"近安"多用于末尾也。）

七、尊校名是否改称？抑足下调到东石中学，祈便中示知。

专复即致

敬礼！

弟功上言

十二日

说明　这是暑假见面后我回到工作单位（换了学校，名曰"东石中学"）去信的回复。启先生提到了他的好友王世襄先生，热心绍介，后来陈达与王先生也取得联系，讨教颇多。

其时先生热衷于书法"黄金律"的研讨，也是我们见面时的重要话题之一，后来成熟了，形成文字，公之于世。

先生对我去信中的文字方面的疏失，坦率提出批评，令我不胜汗颜。这大概也是我后来报考研究生时，选择古代汉语专业的契机之一吧。

## 六、1975 年 10 月（？）7 日 [①]

董琨同志：

　　前奉寄一函，当时扇骨尚未寄到。近时收到扇股，却又因琐事干扰，未即奉复。

　　扇股刻的十分精美，我已给王世襄同志看了，他说很好！他主张多刻这类大一点的东西，以节省目力，恐现在用目太过，将来易于早成"老花"，虽说来日方长，但打算应当全面。我觉得他的话是很对的。

　　已把扇股交给了陈志敏同志，他非常满意，立即找出扇面，请王雪涛诸君去画，还约好我写另一面，并嘱我先代致谢！

　　我自己的意见是：陈达同志对于刻竹技巧已达到很高水平，他所宜致力的，现在恐不全在刀和竹的方面，刻什么、怎样处理一件竹子原料，以及吸取一些金石、书画的营养，却更重要。我看他刻的自己名款，见到他书法也远不符合他刻竹的水平，这方面应再努力。刻印虽与刻竹不同，但它们之间的趣味，也就是它们的艺术风格，确有相通之处。不知陈达同志注意到这方面否？

　　又在我个人的经验，有时一段时间总搞这一种，结果心手俱穷，没有一毫进境了，便把它放下，另搞一种东西。搞了些时，忽然理解和前一种有关，或说对前一种有所启发，于是再搞前一种，便觉有许多新理解、新办法。当然这是从自然的需要而暂时改换所搞的艺术品种，决不是随便见异思迁，或任意试验。希望能将此意转告陈达同志，供他参考。

---

① 此为作者在广东时收到的启先生的最后一封信。信末时间只署"7 日"，作者据邮戳上的数字辨认时间大约为当年 10 月。

你的工作如何，改换地方有眉目否？

昨天刘世凯同志来，谈起你到平远后还没来信。他的夫人病况很好，最近可能上半天班。

我现在还在搞《清史稿》校样的工作，很紧张。

没多写字，我觉得不临帖将近一年了，现在有时间即临些帖，然后再为朋友写字，因为自己的老本快吃完了，没的卖了。过一段时间练习稍稍有些积蓄，再为人家写字。

余俟续谈，即致

敬礼！

弟功上言

七日

说明 两位老先生对年轻人的关爱，跃然纸上；启先生对陈达的建议，更是切中肯綮。

此信中先生谈及他的两种治学从艺（书、画）的经验、体会，一是适时变换品种或注意力，返回时易于精进；二是书法方面不吃老本，抓紧临帖。"自己的老本快吃完了，没的卖了"一句，令人莞尔。果然此后他临帖甚多，1982年我返京再见到先生时，他出示一大摞临帖成果，竟有一整部的《淳化阁帖》临本，上面还有林散之和先生的题跋。当然，那个时期先生的临帖，已经多有"吊嗓子"性质，不再"规规于形似"了。

（以上信件原件，见图27a–1）

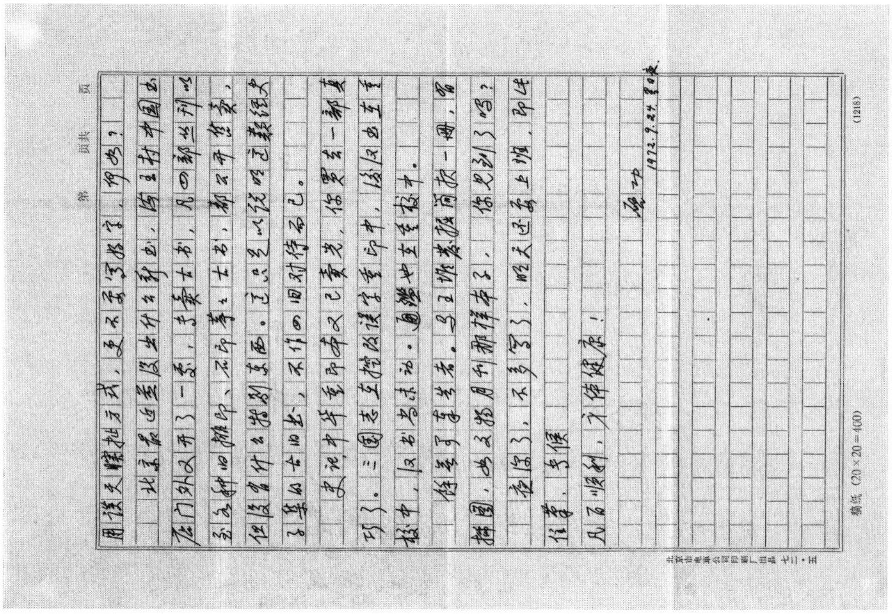

图 27b　启功 1972 年 9 月 24 日寄作者信件 P2

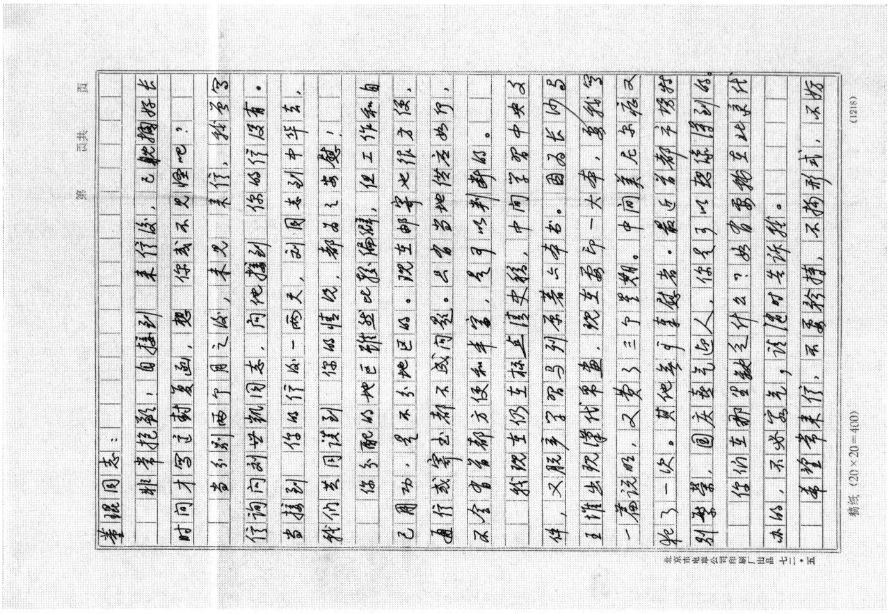

图 27a　启功 1972 年 9 月 24 日寄作者信件 P1

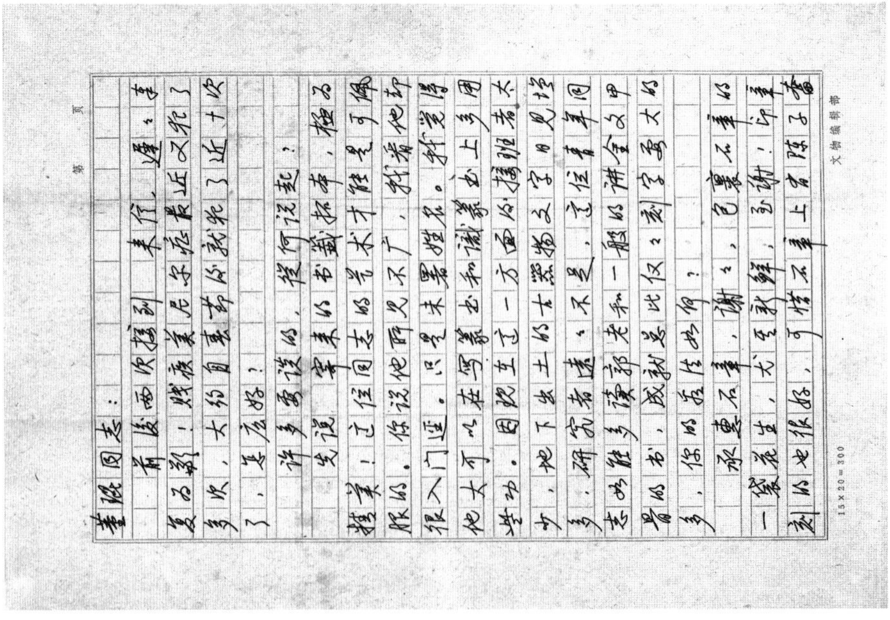

图 27c　启功 1973 年 3 月 11 日寄作者信件 P1

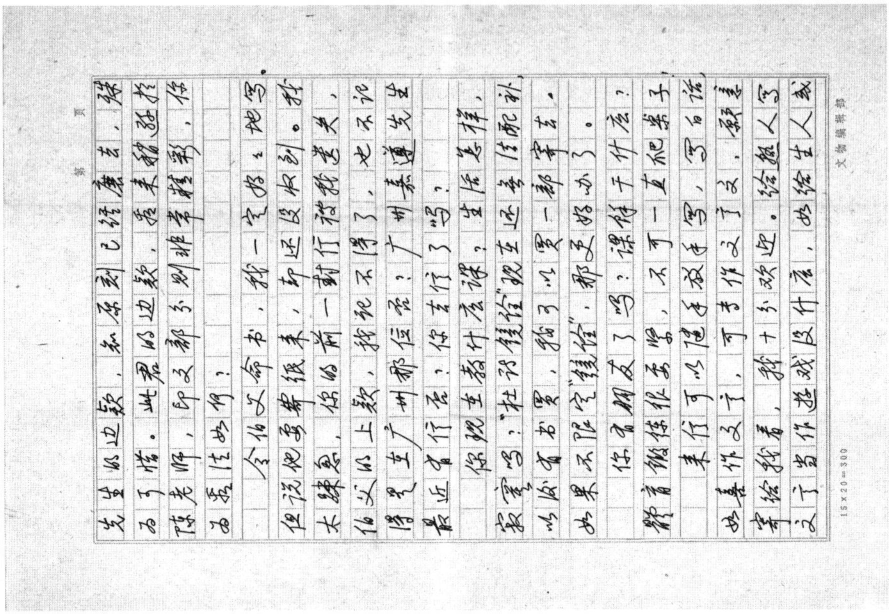

图 27d　启功 1973 年 3 月 11 日寄作者信件 P2

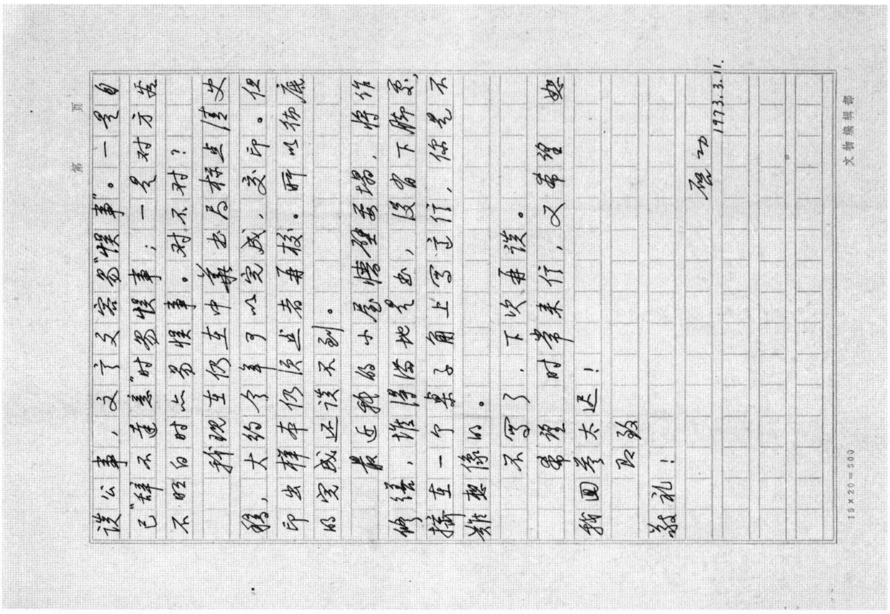

图 27e　启功 1973 年 3 月 11 日寄作者信件 P3

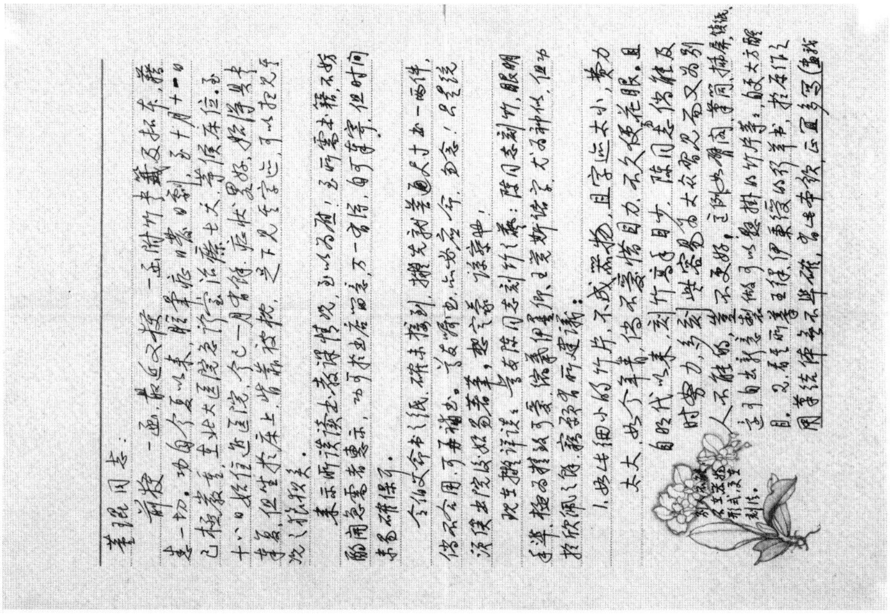

图 27f　启功 1973 年 11 月 24 日寄作者信件 P1

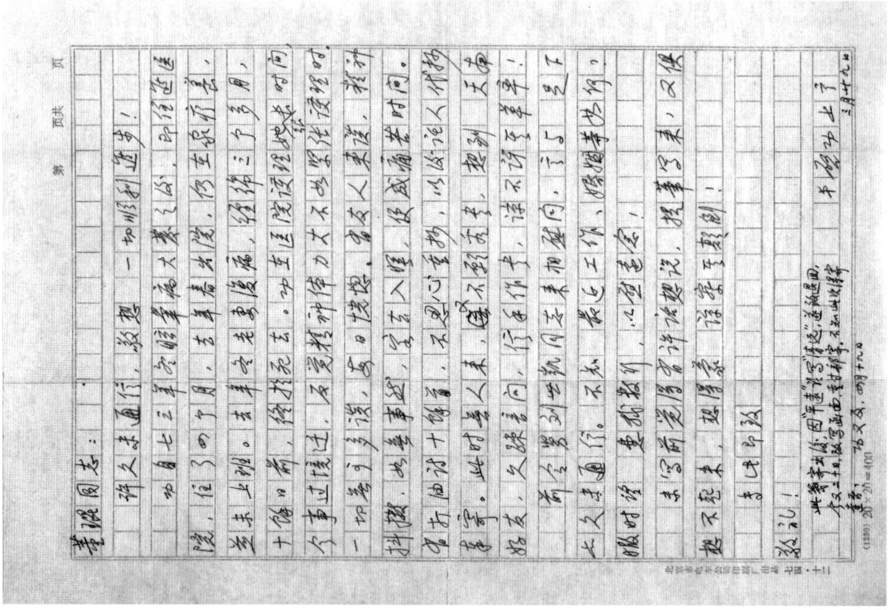

图 27h　启功 1975 年 4 月 19 日寄作者信件 P1

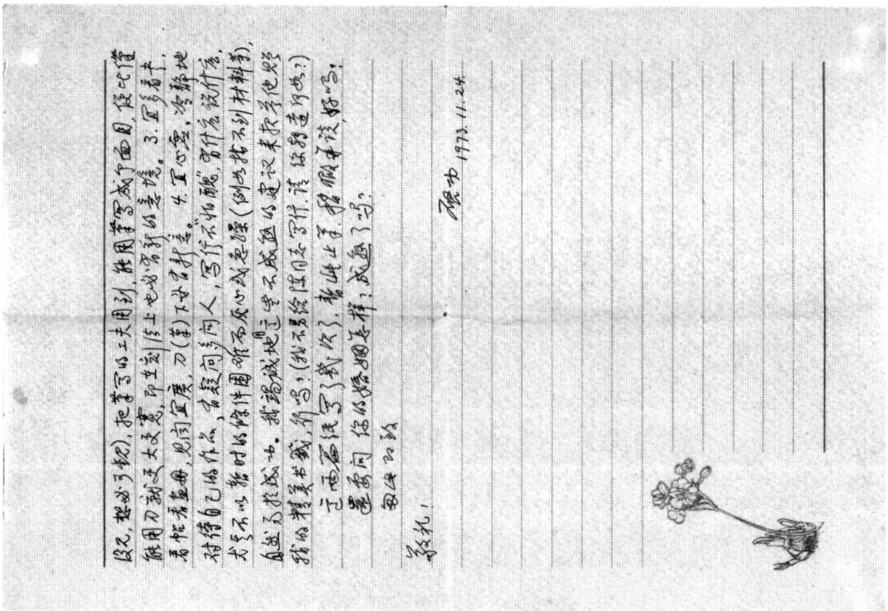

图 27g　启功 1973 年 11 月 24 日寄作者信件 P2

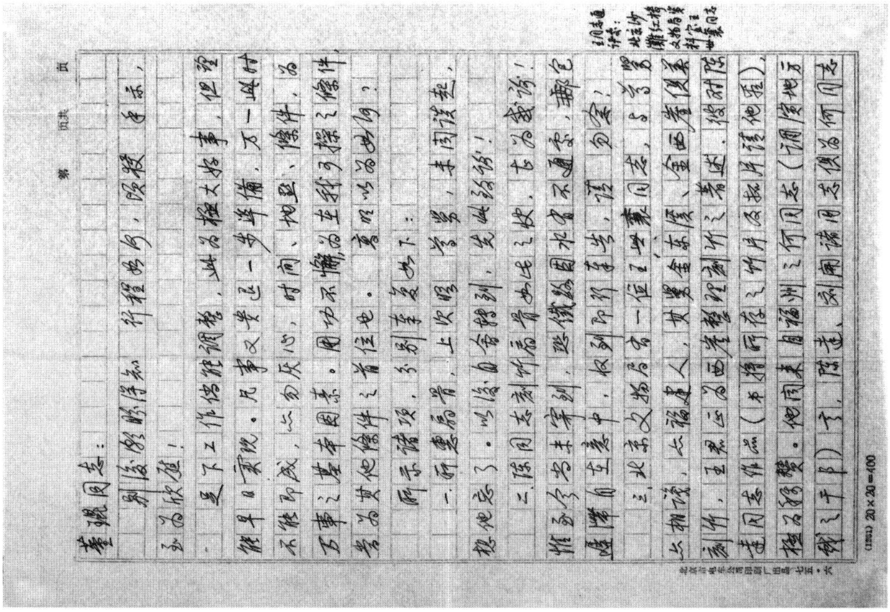

图 27i　启功 1975 年 9 月（？）12 日寄作者信件 P1

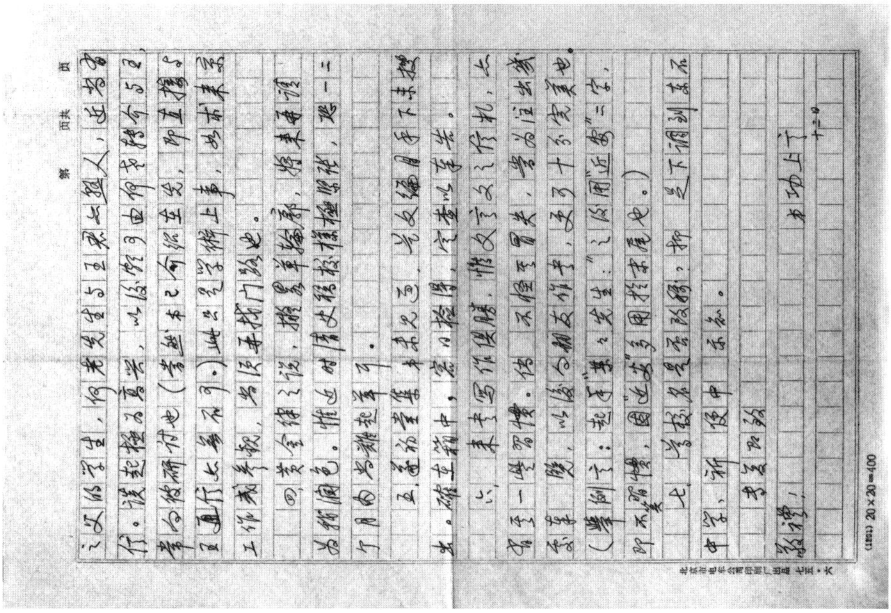

图 27j　启功 1975 年 9 月（？）12 日寄作者信件 P2

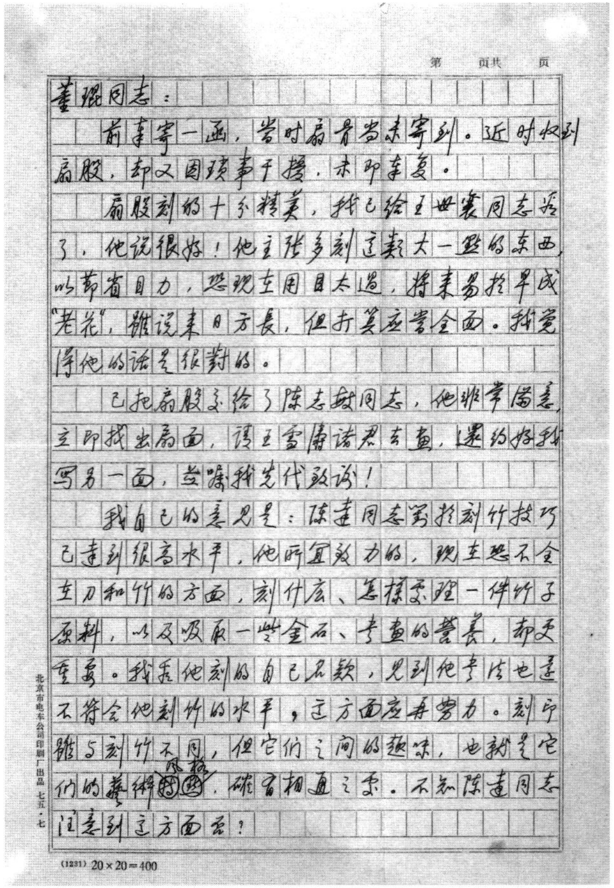

董琨同志：

前年寄一函，当时扇骨尚未寄到。近时收到扇股，却又因琐事干扰，未即奉复。

扇股刻的十分精美，我已给王世襄同志看了，他说很好！他主张多刻这类大一些的东西，以节省目力，恐现在用目太过，将来易于早成“老花”，虽说来日方长，但也要应当全面。我觉得他的话是很对的。

已把扇股交给了陈志敏同志，他非常满意，立即找出扇面，请王雪涛诸君去画，还约好我写另一面，并嘱我先代致谢！

我自己的意见是：陈達同志写于刻竹技巧已达到很高水平，他所宜致力的，现在恐不全在刀和竹的方面，刻什么、怎样处理一件竹子原料，以及吸取一些金石、书画的营养，都更重要。我看他刻的自己名款，见到他书法也还不符合他刻竹的水平，这方面应再努力。刻印虽与刻竹不同，但它们之间的趣味，也就是它们的艺术风格，确有相通之处。不知陈達同志注意到这方面否？

图 27k　启功 1975 年 10 月（？）7 日寄作者信件 P1

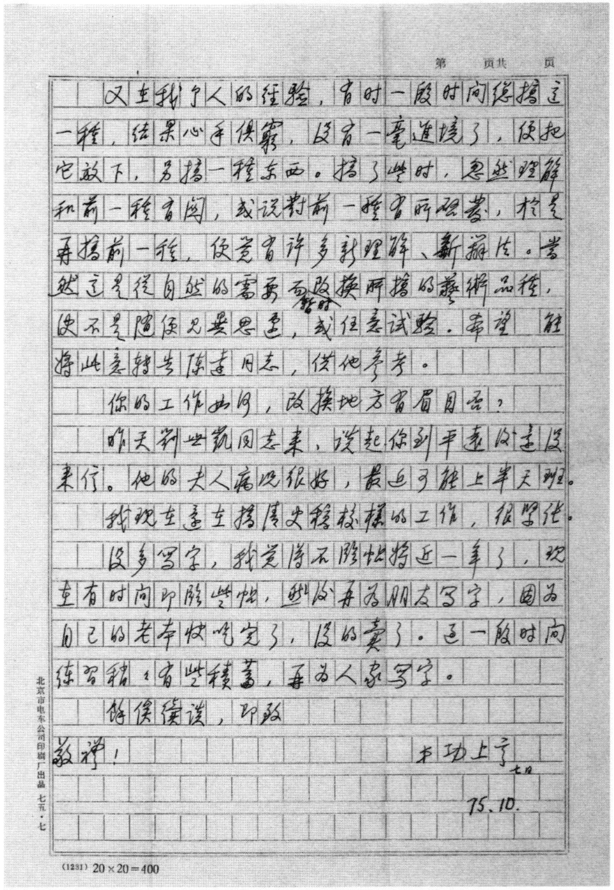

又在我个人的经验，有时一段时间总搞这一种，结果心手俱窘，没有一毫进境了，便把它放下，另搞一种东西。搞了些时，忽然理解和前一种有关，或说对前一种有所启发，于是再搞前一种，便觉有许多新理解、新办法。当然这是从自然的需要而改换所搞的艺术品种，便不是随便见异思迁，或任意试验。希望能将此意转告陈達同志，供他参考。

你的工作如何，改换地方有眉目否？

昨天刘世凯同志来，谈起你到平遥没走没来行。他的夫人病况很好，最近可能上半天班。

我现在正在搞唐史稿校样的工作，很紧张。

没多写字，我觉得不胜怅惘近一年了，现在有时间即将些恨，然后再为朋友写字，因为自己的老本快吃完了，没的卖了。这一段时间练习积累些积蓄，再为人家写字。

暂候续谈，即致

敬礼！

启功上言 七日

75.10.

图 27l　启功 1975 年 10 月（？）7 日寄作者信件 P2

# 我完成了启先生的嘱托

20 世纪 90 年代初，启功先生在香港商务印书馆出版了他的代表作《汉语现象论丛》。后来先生问我读到没有，有什么意见；我说我们所的图书馆买了，我借来读过，觉得立论新颖，是从汉语特点出发，是一部观察和分析汉语语法现象的好书。后来拜访先生，他谈起这本书，自谦是"胡说八道"，还问过几次："你们语言学界对我的胡说八道有什么意见啊？"我回答说："您的大作是在香港出版的，我们所里买了，可是大陆学者一般看不到，怎么发表意见啊？如果能在大陆出个简体字本，读者面就扩大了。"

先生赞同我的意见，过了些日子，给我写了一封信，我已公布在《回忆作为语言文字学家的启功先生》一文中（收于《以观沧海——启功百年诞辰纪念文集》，文物出版社 2012 年 7 月版），好在不长，不妨再录如下：

董琨同志：

承示高见，于拙著《汉语现象论丛》一书中一些论点，以为值得探讨。而此书只在香港商务印书馆（出）版，内地尚少流通，因

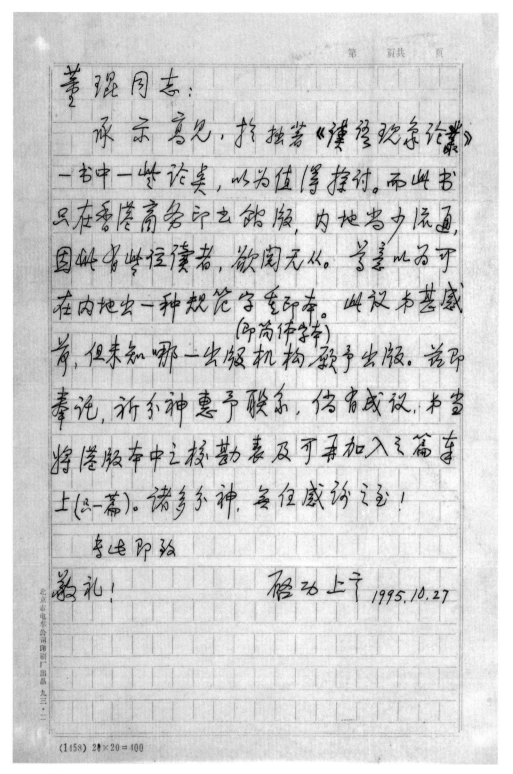

董琨同志：

承示高见，於拙著《汉经玩象论丛》一书中一些论点，以为值得探讨。而此书只在香港商务印书馆版，内地当少流通，因此省些位读者，欲阅无从。尊意以为可在内地出一种规范字重印本。此议书甚感（印简体字本）荷，但未知哪一出版机构肯予出版。若印奉讫，祈乞神惠予联系，倘省成议，书当将港版本中之校勘表及可再加入之篇率土（只一篇）。诸多乞神，无任感谢之至！

专此即致

敬礼！

启功上于 1995.10.27

图 28　启功 1995 年 10 月 27 日寄作者信件

此有些位读者，欲阅无从。尊意以为可在内地出一种规范字重印本（即简体字本）。此议弟甚感荷，但未知哪一出版机构愿予出版。兹即奉托，祈分神惠予联系，倘有成议，弟当将港版本中之校勘表及可再加入之篇奉上（只一篇）。诸多分神，无任感谢之至！

　　专此即致

敬礼！

启功上言

1995.10.27（图 28）

　　与启先生相识二十余年，这是他第一次郑重其事地托我办事，我岂可疏忽怠慢？接信后我赶紧去先生寓所，我说："这个决定好！北京最有名的出版社，无非人民（出版社）、文物（出版社）、中华（书局）和商务（印书馆）了，您看给哪家好呢？"先生说："我倾向于给中华书局。我对'中华'很有感情，标点《清史稿》时，在那里住了好几年，简直成为我的'第二家乡'了。"于是我将此信交给在中华书局供职的老同学陈抗，他只要了复印件，之后很快答复说中华愿意出版此书的简体字本，而且就由陈抗来担任责任编辑。同时作为一道程序，还要我以语言学工作者的身份，从语言学角度对此书写份推荐材料。

　　于是我很快写了一份《推荐意见》。令人欣慰的是，最近在电脑中找出来了，全文也不长——

　　问世已历百年的《马氏文通》（马建忠著）是中国现代语法学的奠基之作，成就极高，影响綦大。但是由于作者所处时代及编纂主旨的局限，存在两大遗憾：一是某种程度上对西方印欧语言语法体系的模仿与蹈袭（虽则这是完全难以避免的），二是只论散文，不及韵、骈，而后者洵为我国数千年文学遗产的大宗。

启功先生毕生从事汉语及中国古典文学的教学与研究，深切感受到以"葛朗玛"为代表的《马氏文通》学说及其流派的上述局限，并以其学者兼艺术家的执着精神和独特视角，广泛搜集材料，潜心思考数十年，乃著为系列论文，可谓"厚积薄发，言必有中"。今汇集一书，题为《汉语现象论丛》，交由中华书局精心印排出版，是一件嘉惠学林的好事。

对于语言的研究，首先必须立足于对现象即语言事实的观察与分析，否则只能徒发空论。本书涉及的汉语现象相当广泛，包括文字、语音、词汇、语法、修辞等方面，具体问题主要有语句构造（包括省略）、词序语气、比喻用典、篇章组织、诗文声律等，其中如声调与语义、口语中的对句、语境因素、句子排列组合的基本规律即句与句之间的关系、单字词的灵活性等，都是以往专门从事汉语研究的学者不曾或较少注意的方面，作者则对这些问题多有创见，胜义迭出。正如著名学者钟敬文先生为本书的题诗所言："论文别有灵奇想，讵拾他人牙慧来"，作者是完全当之无愧的。当然，随着现代语言学理论的繁荣和研究领域的拓展，如符号语用学、功能语法学、篇章语言学、社会语言学等分支学科的开创，汉语许多现象的观察与研究更加广泛而深入，上述问题已经或逐渐成为学者们关注的热点。但本书搜集、罗列的现象和由此进行的专门思考依然可以如作者所谦言的"供专家们作考虑的线索"，有"导夫先路"之功。尤其作者的取材遍及诗歌骈文，这是现在许多汉语研究者较少关注的部分，而关于八股文、子弟书等具体的语言知识能谈出"其然"

与"其所以然"的，恐怕更属凤毛麟角了。

　　综上所述，本书对于中国古典文学作品研究和汉语言研究、特别是完善汉语语法体系的价值和作用，是不言而喻的。加之作者文笔高超，深入浅出，风趣隽永，使本书在科学性、知识性与可读性方面，兼而有之，成为相关领域难得的精品著作，引起海内外学术界的瞩目与好评，是宜乎其然、顺理成章的。

过了几个月，我突然收到一本《中国图书评论》杂志，哪年哪期已经忘却，杂志现在也找不到了。其中有一篇文章，就是我的上述对于《汉语现象论丛》的《推荐意见》，标题改为《启功和他的〈汉语现象论丛〉》，不知他们怎么得到的，当然也就不会给我稿酬了。

《汉语现象论丛》出了中华书局的简体字版之后，引起内地学术界，尤其是语言学界的重视，1995年11月18日，北京师范大学中文系举办了"《汉语现象论丛》学术研讨会"，会后又专门编辑出版了《汉语现象问题讨论论文集》(文物出版社1996年7月版)。

鉴于启功先生《汉语现象论丛》一书的学术成就，以及责编陈抗同志的无差错编辑水平，此书于1998年荣获第十一届"中国图书奖"。

我和北师大的王宁老师一直认为由于启先生的这部力作以及脍炙人口的《古代字体论稿》等著作，应该在他的诸如文献学家、书画鉴定专家、书法家、画家等头衔之外，再加上一个"语言文字学家"。这其实是先生颇为看重的，也是实至名归的。我们为此做了若干努力，王宁老师还于2004年7月主持编成了一本《启功先生论语言文字文献汇编》(征求意见稿)，署名是"北京师范大学民俗典籍文字研究中心摘编"，材料的主要来源是启先生的有关著作:《古代字体论稿》(文物出版社)、《汉语现象论丛》（中华书局）、《启功论稿》（中华书局）、《论书绝句》（注释本）（生活·读书·新知三联书店）、《诗文声律论稿》（中华书局）等。遗憾的是这部著作至今未能正式出版。

我也总算为《汉语现象论丛》在内地的出版，为完成启先生的嘱托尽了绵薄之力，因而深感欣慰。

# 记启功先生的金石书画课及其讲稿

　　1981 年年底，我从中山大学研究生毕业后，分配到中央广播电视大学，担任古代汉语课程的组织与教学工作。因为多年来一直浸润于学习王力先生主编的四册本《古代汉语》教材，对于其中"古汉语通论"的"古代文化常识"部分甚感兴趣。这部分的知识，是中国古代文明的正宗与菁华，所憾只是自学，只能得到一些皮毛。而王力先生也在一些场合说过："限于高校古代汉语课程师资的情况，这部分的内容并不一定要在课堂讲授。"

　　我想可以利用广播电视多媒体教学的特点和优势，把古代文化知识用讲座的形式，通过电视进行远距离的讲授；同时分成若干专题，并不局限于《古代汉语》教材的内容。原教材的"古代文化常识"分为四个部分，每个部分又包含若干专题，计有：（一）天文，历法，乐律；（二）地理，职官，科举；（三）姓名，礼俗，宗法；（四）宫室、车马、饮食、衣饰、什物。这些专题大体涉及的是中国古代的名物典章制度，其分类与命名，只是大致的表示，并不是从同一层面和角度出发的。我重新设计了专题，各个专题尽量聘请国内最优秀或最具学术潜质的专家进行讲授，所划分的专题及担任的讲者如下：（一）天文（王力，陈晓中）；（二）

地理（谭其骧，葛剑雄）;（三）职官、科举（左言东）;（四）礼制、宗法（李学勤）;（五）宗教（任继愈）;（六）衣食住行（许嘉璐）;（七）金石书画（启功）;（八）主要典籍（杨伯峻）;（九）文献目录（冀淑英）;（十）古代音韵（唐作藩）。本打算要有古代音乐方面的内容，遗憾终未成功。

现在回顾起来，这一课程有两大幸：一是所聘请的专家，当时都乐于承担，足为讲座增色，扩大影响；二是这些专家，多数年事已高，其中不少位现已谢世，所以这种人才资源的挖掘，不无抢救的性质。

我本科毕业于北京师范大学，但并非中文系；与启功先生则结识于"文化大革命"中的 1970 年，其间的因缘，并非只言片语可尽。回到北京之后，也不时前往造访请益。关于"中国古代文化史讲座"的设想，当然也是请教的问题之一。启先生非常支持这门课程的设计。他得知全国电大中文专业当时的学员人数达到几十万，还有很多全日制高校的师生或参与学习，或参与辅导，大为赞赏，认为这样的教学方式，对于提高全民族的文化教养、素质，大有裨益。对于请他担任金石书画课的讲授，也是毫不犹豫，一口答应。记得是在一个晚间，在他位于北师大小红楼的书斋里，我说到电大创办伊始，筚路蓝缕，条件很差，课程的录制在地下室，是很苦很累的；但先生用十分坚定、几乎是一字一顿的语气说："再苦、再累，也得去！"先生当时一改平时惯见的慈祥和悦，他那种刚毅的神色和目光，至今恍若眼前。

他表示会认真准备，要我放心。

经过多方联系、安排，启先生的讲座录制时间定在了 1984 年 11 月的一天。当天下午，我带上一幅董其昌的画轴（这是一位朋友托我请启先生题跋，先生刚题好给我而尚未及送还），还有另一位同事吴鸿清，用电大的公车将启先生接到教育部的一个地下室录制讲座。那幅画作为视频画面的背景，与讲座的内容倒也匹配。

录制过程很是顺利，我想这些知识的讲授，对于启先生这样的大家而言，真真不过"小菜一碟"，驾轻就熟，良有以也。

先生讲完课，从随身带的提包里取出一叠纸交给我，说："这个送你！"我接过一看，喜出望外：是课程的讲稿，足有十多张！这时首先涌上心头的是感动：原来先生认真至此！即使"小菜"，他也精心烹制。对于自己的承诺先生践行得一丝不苟；这也同时体现着他对莘莘学子的高度责任心。

送启先生回家这个过程本不值一提，却至今使我惭疚不已。接送先生的是电大校领导的工作用车（当时哪有什么私家车），其时已届下班时间，还得同时送领导回家；于是我和启先生、鸿清三人挤在后排，前座留给领导。车子七拐八弯地接到了领导，再一路走走停停（那时下班高峰也够拥堵了），总算是先把我们"卸下"，到小红楼家进屋，家里人（先生内侄章景怀）听得先生回来了，顺口一问："吃过了吗？"先生也随口答："没有！"而后我和鸿清就告辞回去了。

这是当时恬不为怪的场景：居然不给讲课费，居然不请吃饭！内中的情态及委屈，今天真是很难想象的。

先生给我的讲稿，自然成为我至爱的收藏，后来裱为手卷，时时把玩赏鉴。我把它看成是启先生馈赏给我的一件特殊的作品（图29）：

首先它是钢笔书写的，是不折不扣的"硬笔书法"，在已出版的启先生书法作品集中是比较罕见的。其次，书写内容达十余张，数千字，是千字文的若干倍，若用毛笔写一遍，更是鸿篇巨制了。第三，这是先生自己备课的手稿，其书写仅旨在内容准确而并无书艺方面的考虑与挂牵，不惮涂改勾画而自然流畅，有如颜鲁公的《祭侄稿》。最后，正如启先

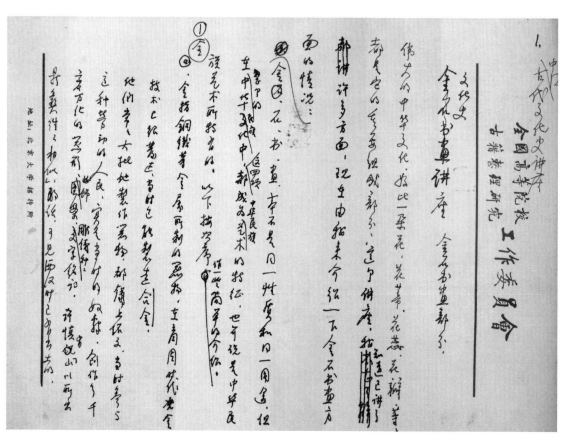

图 29　启功金石书画课讲稿原件（局部）

生所提倡的：在欣赏书法的时候，也要兼顾其书写内容。这幅手卷的书写内容，体现了启先生对于"金石书画"的真知灼见，可以说最能代表中华民族古代文化精髓的一个重要方面。启先生仅用数千字，便能抉其菁华，备加描述，时有点评，自出胸臆，不与人同，其深入浅出之功力，举世无可比肩。

拜读手稿，觉得特别亲切，反复拜读，难以释手。

记得启先生曾给我讲过，不能把自己的文章初稿给人看，而他却把这篇珍贵的手稿赐赠给我，可能他认为这部授课的讲稿是经过了深思熟虑的，非一般文章可比，所以不妨移赠后学晚辈。然而对我来说，则是人生一种莫大的机缘和幸运了。

[ 2019 年 10 月底改定 ]

# 沈尹默赠送启功的书法作品

沈尹默（1883—1971），著名学者、诗人、书法家、教育家。在《启功口述历史》中，启先生说过："和我学画时正式拜过很多名师不同，我在学书法时，主要靠自己的努力，能称得上以老师的名义向他请教的并不多，近现代书法大师沈尹默（字秋明）算一个。他也是老辅仁的人，所以有很多交往的机会。他曾为我手书'执笔五字法'，并当面为我讲解、示范，还对我奖掖有加，夸奖过我的书法，这对我是莫大的鼓励。"（174—175页）书中还附印了沈尹默书赠他的一幅行书中堂，未标尺寸大小；上款为"元白先生雅鉴"，书写的内容是宋代江西诗派重要作家陈师道（号后山居士）的一首《次韵春怀诗》：

老形已具臂膝痛，春（事）无多樱笋来。败絮不温生虮虱，大杯覆酒着尘埃。衰年此日长为客，旧国当时只废台。河岭书堪供极目，少年为句未须哀。（图30）

因为作品未标书写时间，所以也不知道是何时赠送的，想来大概总是1938年启先生在恩师陈垣先生关照下重新回到辅仁大学教书的时候（一

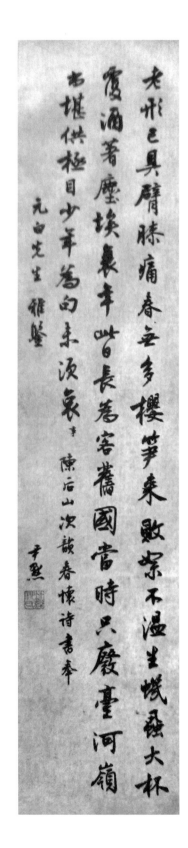

图30　沈尹默早期书赠启功

直到 1952 年院系调整，辅仁大学与北京师范大学合并），因为说过沈尹默先生"也是老辅仁的人"。

但是沈尹默何时在辅仁任职，又何时离开，目前可见的材料中竟难以寻绎。在沈尹默弟子戴自中所撰《年谱》（见沈尹默故居编、北京燕山出版社 1991 年 6 月出版的《尹默二十年祭》）中，1938 年、1939 年均无沈尹默任职辅仁大学的记载，到 1940 年及以后，他就"居成都、重庆"了。辅仁大学挂牌创立是 1927 年的事，《年谱》该年只有"手书《秋明小词》稿本二卷，请朱孝臧圈阅，朱彊村为写评语"的记载，然后 1929 年，"任河北省教育厅厅长"，1931 年，"返回北京大学任教"，1932 年，"任北平大学校长"，一直到 1940 年移居成都、重庆，期间均无任职辅仁大学的记载。然后就是 1946 年抗战胜利，"先生东归。……住上海虹口区海伦路。"由其长孙沈长庆撰写的《百年巨匠——沈尹默》（文物出版社 2019 年 10 月版）也是没有关于沈尹默任职辅仁大学这方面只言片语的记载。这里最大的可能性有两个：一是仅仅在辅仁兼职，钟点和课程比较有限；二是时日也甚为短暂，以至《年谱》和传记均失载。

还有一条线索：《年谱》在 1943 年（沈尹默先生六十一岁）下记载："先生撰《执笔五字法》，分清了五字执笔法与四字拨镫法的混淆，当时他对书法的体会与认识，已可于此文中见之。这是先生第一篇论书著作。"可见沈尹默应该是在这之前就有关于"五字执笔法"的设想，所以才能在辅仁大学为启功先生"手书'执笔五字法'，并当面讲解、示范"，而这只能在 1940 年赴成都、重庆居住之前，所以这幅给启功先生的墨宝的书写与赠送时间，最大的可能是在 1938 年至 1939 年之间。

进入上世纪 50 年代，居住上海的沈尹默先生又书赠墨宝给启功先生。

这也是一幅行书，不过比 30 年代的那一幅显得字体更为规整。尺寸也比较大，有 44×116cm，落有上款："元白先生方家是正"，书写时间是"一千九百五十五年十月三日"，末署名"尹默"。

书写的内容是三段黄庭坚（山谷）题跋：

　　东坡先生书，澜（浙）东西士大夫无不规摹，颇有用意精到得其髣髴（仿佛），至于下笔老重、沈（沉）着痛快似颜鲁公、李北海处，遂无一笔可寻。丹阳高述、齐安潘岐，其人皆文艺，故其风声气俗（按：一本作"格"）见于笔墨间，造作语言，想像其人，时作东坡简笔（按：一本作"毕"），或能乱真，遇至鉴则亦败矣。不深知东坡笔（一本增"法者"二字），用余言求之，思过半矣。东坡书，彭城以前犹可伪，至黄州后，掣笔极有力，可望而知真赝也。建中靖国元年四月乙未，早发峡州，舟中书。跋东坡思旧赋。（按：以上为第一段）东坡尝自评："作大字不若小字"，以余观之，诚然。然字大（一本作"大字"）者（一本无此字）多得颜鲁公《东方（一本加有"先生"二字）画赞》笔意，虽时有遗笔不工处，要是无秋毫流俗。元符三年十二月甲辰夕，天下雪而大寒，呼酒解指卷，乃能书此，山谷老人题。跋（按：一本作"题"）东坡大字。（按：以上为第二段）此一卷多东坡平时得意语，又是醉困已过后书，用李北海、徐季海法，虽有笔不到处，亦韵胜也。题东坡小字两轴卷尾。（按：以上为第三段）（图 31）

这幅字从总体上说，有比较浓郁的米南宫风格，个别处又带有黄山谷味道，如"下""乃"等字。我们知道沈尹默先生对于米、黄都是

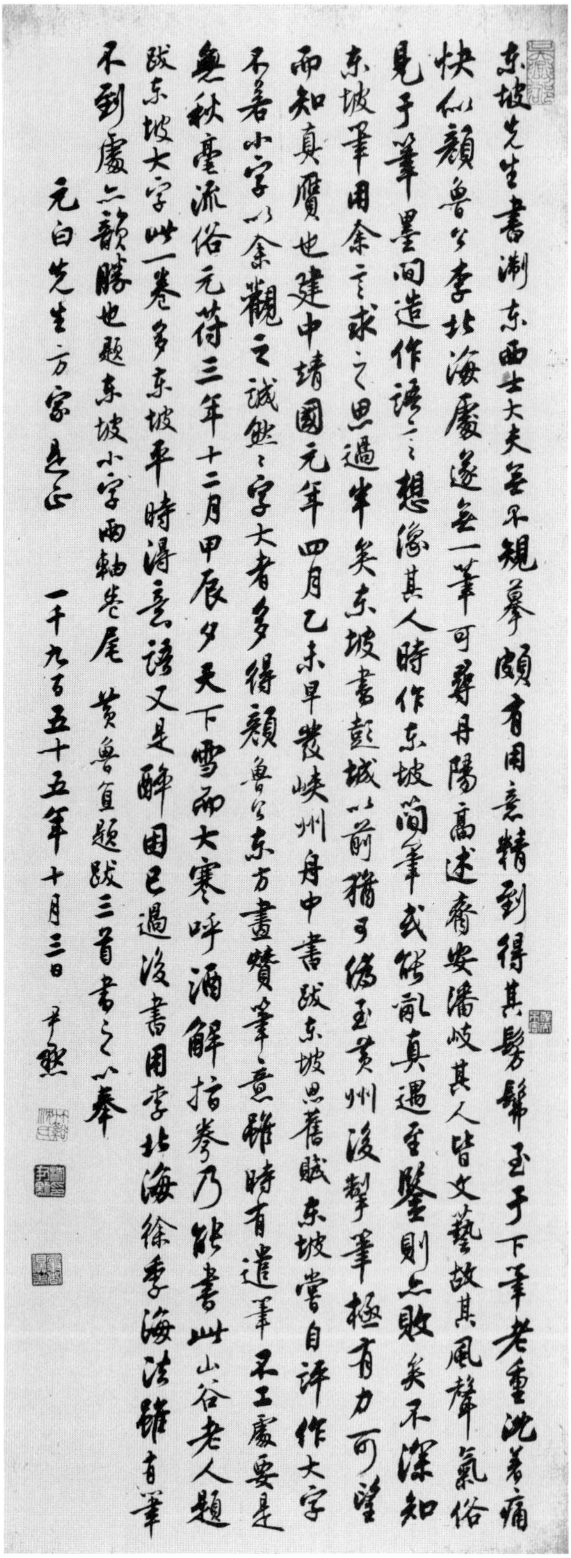

东坡先生书渊然东西出大夫至不规摹颜眉用意精到得其髣髴玉于下笔老重重沈著痛
快似颜鲁公李北海屡遂至一笔可寻丹阳高述乔安潘岐其人皆文艺故其风华气俗
见于笔墨间道作语之想像其人时作东坡简笔武能乱真遇书鉴则之败矣不深知
东坡笔用余言求之思过半矣东坡书彭城此前犹子伪玉于黄州后剉挈笔极有力可疑
而知真赝也建中靖国元年四月乙未早发峡州舟中书赵东坡尝自评作大字
不善小字以余观之诚然之字大者多得颜鲁公东方画赞笔意杂时有遣笔不工严要是
无秋台流俗元符三年十二月甲辰夕天下雪而大寒呼酒解指参乃能书此山谷老人题
跋东坡大字此一卷多东坡平时得意语又是醉困已过后书用李北海徐季海法杂青笔
不到卢二韵胜也题东坡小字两轴卷尾 黄鲁直题跋三首书之八奉
元白先生方家是正 一千九百五十五年十月三日 尹默

图31 沈尹默20世纪
50年代书赠启功

下过很大功夫的。整体的形态偏于楷书，也有一些地方使用了草法，如"似""无""言""至""可""发"等字；个别字之间存在"游丝"，如"语言""简笔""则亦""时有""是正"等处。行笔放得开，收得拢，无一懈笔、败笔，从头至尾都气韵一贯，极为严谨，不愧是"名家送名家"的精品之作，值得作为范本字帖供广大喜爱沈尹默先生书法的读者观赏、临摹。

众所周知，沈尹默先生高度近视，晚年眼疾更是严重，视力很差，据说写字时需要旁人指示书写位置，否则难以落笔（启功先生即对笔者说过此事）。所幸50年代赠启先生的这幅作品，书写时视力尚可，所以显得神采奕奕，形完气足。

沈尹默先生这两幅珍贵的墨宝幸亏由启功先生收藏，得以躲过十年"文革"的浩劫。而他的许多心血凝就的书法作品（包括诗词手迹），却在动乱中惨遭毁灭。《百年巨匠——沈尹默》中有这么一段沉痛的记述——

沈尹默生命最后的五年是在"文化大革命"的动乱中度过的。……最大的痛苦不是肉体的折磨，沈尹默最为痛心的是把一生所写的诗赋作品，全部销毁，十多本诗词集，是他三四十年来精心书写的，还有不少朋友间来往的书信、历代名帖、拓本、书籍等等，量大繁多，特别是从重庆带回的两只藤箱内有原监察院的信笺用纸和委任状等，一旦落入造反派手中，其结果可想而知。为怕引起邻居注意，也不敢烧毁，只好泡入澡盆，挤干后由养子褚家立半夜骑车，有的丢到苏州河，有的丢到郊区农田里。

读来真是令人心酸扼腕，为沈尹默先生的不幸遭遇、为中华文化精华的不幸遭遇而悲愤、痛惜！

相关文本

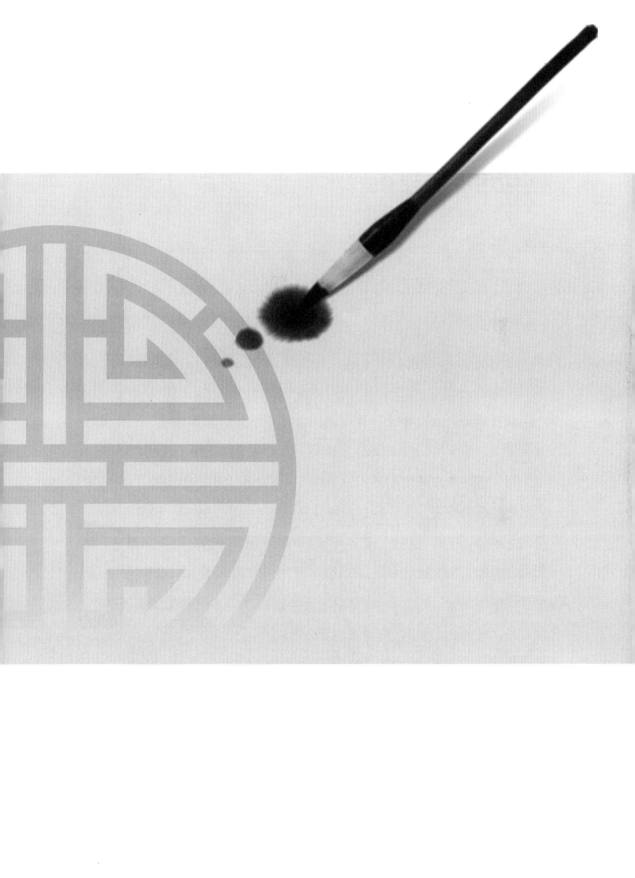

# 《启功年谱》校补①

　　众所周知，人物年谱记载谱主的生平和逐年的重要活动、主要著述及其要义，是历史研究的重要工具书。为启功先生这样一位当代著名国学大师，诗文书画兼擅的艺术巨匠撰制年谱，对于评价和研究启功先生之重要与必要程度，自不待言。而以启功先生经历之曲折、治学之深广、著述之丰硕、作品之富盈，其《年谱》的撰述艰巨程度，亦不难想见。我们应当感谢先生的挚友侯刚、家属章景怀先生不辞劳苦，辛勤努力，在先生百年诞辰之际，即编写出版了《启功年谱》，为众多启功先生的崇拜者、学习者、研究者提供了丰富翔实的历史资料。

　　笔者于 1970 年就读于北京师范大学之时，即有缘结识启功先生，三十余载，得沾教诲靡涯，故当获此《年谱》，视若拱璧，拜读再三，获益匪浅。同时亦见不无可补及文字印制小疵者，不揣浅陋，一一检出，草此小文，就教于编者及大方之家。

　　15 页倒 10 行"相聚于藏书之至"，"至"当作"室"。

　　23 页倒 8 行"誊清末校"，当作"誊清"。

---

① 此文所据，为北京师范大学出版社 2013 年 1 月第 1 版第 1 次印刷本。现据编者之一章景怀言已在修订中，笔者即将此文奉寄，以供参考。

28 页 12 行 "至其诗句云，马放降来地，雕盘战后云，欧阳文忠屡称之。" 似宜标点为 "至其诗句云：'马放降来地，雕盘战后云'，……"

37 页对先生的定位："著名的古典文学家、画家、书法家、文物鉴定家、诗人和教育家。" 似可再加一个 "语言文字学家"。

77 页 2 行 "陈垣先生……为启功题《诗文声律论稿》、《语词意态论稿》、《启功丛稿》。"《语词意态论稿》似未见发表。

96 页 6 行、10—11 行 "《柏西亭模古袖珍册》"，12 行作 "杨西亭袖珍小册"，按：作 "杨" 是，《启功全集》亦作 "杨西亭"（7 卷 8 页）。杨晋（1644—1728），字子和，号西亭，清初画家。

98 页 4 行 "军伐张宗昌"，"伐" 当作 "阀"。

112 页 1 行 "廖廖七十二字"，当作 "寥寥"。

116 页，1979 年 12 月 5 日，先生赴广州，住流花宾馆，鉴《郑谷口隶书麻姑传》，作跋，称 "此卷尤为谷口用意之作"。

按：先生此次赴广州，乃是参加中国古文字研究会第二届年会。先生并于会后专程去中山大学会晤老友容庚教授。

142 页 14 行 "访虞禺"，"禺" 当作 "愚"。

又：1984 年当补——

11 月 5 日，应中央广播电视大学邀请，前往西单大木仓胡同教育部地下室为电大 "古代文化史讲座" 录像授课，题目是 "金石书画漫谈"，讲课录音后经董琨、吴鸿清整理成文，收入《启功全集》第 4 卷。

按：先生得知广播电视大学在读学员有几十万，所以认为此次讲课甚有必要，当得知是在教育部地下室录课，条件较差，慨然表示："再苦再累也要去！" 此次讲课先生很是重视，事先写就了十几页的讲稿。

151 页 8 行 "顺颂着祺"，"着" 当作 "著"。

154 页 5 行"王佩",当作"玉佩"。

156 页倒 9 行"捅了蜂窝","了"当作"马"。

173 页 4 行"以,以自家笔法","以,"当删。

同页"同年（1987 年）发表的主要著作"中有"《论笔顺》结字及琐谈五则发表于香港《书谱》1987 年第 5 期",但此文《启功丛稿》《汉语现象论丛》《启功全集》均未见收,不知何故?

178 页倒 4 行"同年（1988 年）发表的主要著作:《旧题唐张旭草书古诗帖辨》,"漏列"发表于……"。

182 页倒 3 行"八秋有五","秋"当作"秩"。

192 页 6 行"学苟况","苟"当作"荀"。

216 页倒 5 行"王悦还小,愿到南屋里来玩。"此句中"愿"疑当作"常"。

241 页 9 行"鉴定家张聪玉","聪"当作"葱"。古书画鉴定家张珩,字葱玉。

254 页倒 3 行,"乃枅去冬之作,以应雅命。""枅",其字甚僻,查收字最多之《中华字海》,有此字,释为"同'楟'。见《直音篇》。"而"楟"释为"同'庍',搁置食品的架子。见《集韵》。"此义置之该处,似不能安,疑当作"检"。此句见于荣宝斋出版《金膺显启功书法作品集》先生的"参展前言",不知原稿如何?

262 页倒 4—3 行"请照宣一行吃火锅。照在 1951 年曾和启先生一道去湖南澧县参加土改。""照在"是否应作"照宣在"?

281 页似可补:1996 年 7 月,撰写《郑诵先先生法书遗墨汇编跋》。郑诵先（1893—1976）,四川富顺人,现代著名书法家,擅章草,融二王。久居北京,曾与张伯驹等创办"北京书法研究社",是先生的老朋友。先生于其书法、词章,均推崇备至,跋语末云:"得此编者,宜视为师表道范，不独八法之典型也！"

285 页倒 1 行"只佩一般人看"，"佩"当作"配"。

317 页 11 行"余敏"，当作"俞敏"。

323 页 1 行"纸敝墨谕"，"谕"当作"渝"。渝，改变也。

330 页倒 6 行、倒 3 行"元代乃贤"，"乃"作姓时，当写作"廼"。

346 页 8 行"十大书家遗墨谢无墨卷"，当作"谢无量"。

352 页倒 4 行"他"当作"她"，因所指代王立梅乃女士也。

又

在笔者一篇题为《回忆作为语言文字学家的启功先生》（收入《以观沧海——启功百年诞辰纪念文集》，文物出版社 2012 年 7 月版）的文章中提及：

由王宁先生主持，启功先生也名列其中的北京师范大学民俗典籍文字研究中心，高度重视启功先生的语言文字学成果，2004 年 7 月，启先生还健在的时候，就编成了一部文摘汇编《启功先生论语言文字》，从启先生诸多论著中撷取有关论述语言文字的部分，将近二十万字，并在启功先生九十三寿辰之际，召开了"启功先生语言文字学学术研讨会"。有关文章后来收入《民俗典籍文字研究》第三辑（北京师范大学民俗典籍文字研究中心编，2008 年 12 月版）。启先生因身体欠安，未曾莅会。

此会及此书未见《年谱》记载，是否可予补入？

# 《启功口述历史》文本指疵

　　启功先生曾经因为害怕"温习痛苦"而不愿意写作他个人生活的回忆录，后来由于各方面的呼吁和关心，终于在已登九秩的迟暮之年，由及门弟子赵仁珪和内侄章景怀记录整理，出版了《启功口述历史》，为世人留下了一部弥足珍贵的人生档案，拓展了对于这位举世无双的国学大师、艺术大师的研究空间。因此我们不仅感谢启功先生，也要感谢这部口述历史的记录整理者。

　　我们在享受这部著作带来的阅读快感的过程中，也不无遗憾地发现了一些文词、字句方面的小疵，如不订正，或成"硬伤"。众所周知，启先生对于自己著述的出版，极为严谨认真，为了消除讹误，经常不惜手自抄录，以影印本形式问世，但对于这部《口述历史》的文字，他恐怕是难以一一过目了，所以文责难以"自负"，只能说是"文本"之过了。

　　当然笔者的所谓"指疵"，也是主观为之。"吹毛求疵"，未必皆确；甚至"点金成铁"，反落笑柄。这只有就教于众多崇敬启先生的大方之家了。

　　本文所用的《启功口述历史》的文本，是 2004 年 7 月北京师范大学出版社的第 1 版第 1 次印刷。如后出版本已有订正，则幸莫大焉。

12 页左 11 行"禀雍正遗命"，虽然"禀承""秉承"是异形词，但如今的规范是用"秉"。

26 页右 8 行"《世载堂杂议》"，"议"当作"忆"。

36 页左 3 行"尹秉绶"，"尹"当作"伊"。

45 页右 13 行"（对中医中药一点兴趣也没有）我得出两条经验：
在中医眼里没有治不好的病，哪怕是世界上刚发现的病；在西医眼里没有没病的人，哪怕是体魄再健壮的人。"根据上下文判断，文中"西医"似当作"中医"。

58 页右 6 行"儿子读作 zeU"，此拼音费解。应作 zěi，是北京方言音，似只用于"儿子""孙子"，是一种蔑称。

107 页右倒 13—12 行"董事会的权利实际上由德国人把持"，"权利"当作"权力"。

110 页右倒 9 行"许诗英"，是否当作"许世英"？

111 页下首照片人名，"牟闰孙"当作"牟润孙"。

123 页右 4 行"施蜇存"，当作"施蛰存"。

131 页右 3 行"孙子（zeU）"拼音费解；当同 58 页作 zěi；右 15 行"叶公绰"，当作"叶恭绰"；右倒 1 行"贵胄天湟"，"湟"当作"潢"。

138 页右倒 3 行"挑（tiAo）"拼音当作 tiǎo。

139 页左倒 3 行"北京著名的旧货市场郎家园"，似当作"潘家园"；右 13 行"逮（dDi）不着"，拼音当作 děi（北京方言）。

165 页右倒 2 行"叶公绰"，"公"当作"恭"。

170 页左倒 2 行"当年乳臭志弥骄。眼角何曾挂板桥。"首句末当用逗号（，）。

173 页左倒 18—17 行"我的题跋虽得了写'行气'，但缺乏骨力"，

"写"似当作"些"。

176 页右 12 行"寿玺先生，号石公"，"公"，常见多作"工"。

183 页左倒 14 行"朱家济"，当作"朱家潘"。186 页右倒 5 行即不误。

209 页右倒 2 行"马建中"，"中"当作"忠"。

215 页左 10 行"只不定"是北京口语词，但一般写作"指不定"。

# 后 记

　　这个世界上很难有一个人，在去世后十多年，不但没有被人遗忘，反而令人思念不绝，历久弥深；启功先生之于我，就是如此。无论何时，只要一闭上眼睛，启先生的音容笑貌，马上浮现出来，是那么立体，那么清晰。

　　据启功先生亲属的回忆，先生生前最后有两句话，是 2005 年（乙酉）春节那天下午说的，一句是："我怎么觉着人生像做梦一样！"还有一句是："物能留下，人留不下呀！"（允丽：《外家纪闻》，文物出版社 2012 年 7 月版，11 页）此后他基本上陷入昏迷，"一直没有开过口"，直至 6 月 30 日凌晨谢世。一代国学大师的遗言，充满了对人生的感慨、感悟、感伤，真是发人深省。不过我想如果把最后那句话的语序颠倒一下，也能产生深刻的含义：人虽然走了，但"物"能留下来。这里说的"物"，可以有两种意思，一是物质、物品等"形而下"的东西；二是相对于"人"的躯体，指精神财富等"形而上"的东西。启功先生走了十多年了，但他是不朽的，他为世人留下的物质财富（诸多著述与书画艺术作品）和精神财富（崇高的人品风范）是无比丰厚的。

　　我作为与启先生结交三十五载、沾惠教泽无限的晚辈，总觉得他留下的"物"，一直存放在我心里，先生的音容笑貌在我心里一直是鲜活的。

如今我也已年逾七旬，余生最大的愿望，就是完成回忆、评述（不敢说"研究"）启功先生的一本书。这项工作其实早就应该做了，但一则由于囿于世务（至今尚有未完成的"课题"），二则总觉得不能轻率从事；因此除了陆续写就的几篇文章或者说是交呈先生的"作业"之外，总是觉得写得太少、太浅，难以对得起先生的在天之灵。

去年以来适逢疫情期间，诸事一度停摆，正好清静，可以用来完成这个心愿。因此抓紧时间，长长短短写了八九篇，连同以前的若干篇，统共十来万，大概应该可以成个集子了。出版社说是够了，如今是"读图时代"，文字不宜太多。

数十年学术生涯中，若干个人成果，或与友人合作，或在单位参与的集体成果，都是交由商务印书馆出版。我的这本小书也得蒙商务青睐，列为选题，并且允诺在明年即 2022 年 7 月启功先生诞辰 110 周年前予以问世。

我将这不多的十几篇文章分成三个板块：关于语言文字学的；关于书法书论的；关于先生人品风范的。书名题为《启功评述集稿》，我认为这些难免杂乱的稿子，还是不叫"论"的好，即使有一篇谈先生书艺发展的，也只敢说是"探论"而已。

在商务印书馆的选题论证会上，有人建议最好不做成单篇文章的合辑，还是做成"专著"形式，我想未尝不可一试。这些文章所表达的主题是集中的，即是对于启功先生的怀念和评述，如果加以适当组合，体现某种程度的内在逻辑与系统性，"专著"形式不是不能做到。但如于编排形式上使用一般专著的卷、章、节形式，则于我这本"杂稿"未免显得"生硬"。能否找到最合适的形式呢？……

　　某日忽然想起：我国传统文集编辑有一种"内篇""外篇""杂篇"（或"别录"）的形式，可以体现整体著述体系下的不同侧面，以我浅陋所知，最早以此形式成书的是《庄子》，分为"内篇""外篇""杂篇"，其后晋代葛洪的《抱朴子》也是分为"内篇""外篇"，直到清代汪中（启功先生十分推崇的学者）的文集《述学》，也是采用"内篇"（又分三部分）、"外篇"、"补遗"、"别录"的形式。其中放置的，实际上大多是单篇文章，只是可令人体会到具有某种主题而已。既有前贤格式可供模仿，于是我也将这本小书，分为"内篇"（因为启先生治学领域广博，所以只能命名为"学术举隅"），包括一、语言文字学，二、书法学，三、平生景慕三个板块；"外篇"（命名为"走近先生"），收入对启先生人品风范的敬仰及结交三十五年的回忆（包括先生给我的书信等）；最后是"别录"，收入对有关先生的文本《启功年谱》《启功口述历史》的读后感。我想这种组合，也许比较符合这本小书的实际吧。

　　启先生对我的人生影响是巨大的，大而在专业方向上，我原是生物系本科，由于接触并嗜读先生的《古代字体论稿》，改行当了古代汉语研究生，此后基本上致力于文字学方向；小而至于撰写专业论文，也很少加专门的注释或者只是随文（而不是在文末）加注释。这是因为启先生在《夫子循循然善诱人》一文中说："（陈垣老师）很不喜欢在自己文中加注释。说，正文原来就是说明问题的，为什么不在正文中即把问题说清楚？既有正文，再补以注释，就说明正文没说全或没说清。除了特定的规格、特定的条件必须用小注的形式外，应该锻炼在正文中就把应说的都说清。"（《启功全集》第4卷，159—160页）。

很惭愧，也很遗憾，与启先生结交这么多年，面对这么一位绝代书法大师，我竟没有从他那里学到多少书法的法门与诀窍，平日虽也喜爱临池挥毫，自觉不过修身养性而已，笔下所显，岂敢登于大雅之堂？所以一直没敢给先生看自己的毛笔字并执以就教。但是先生对我在为人处世、治学笔耕诸方面的循循善诱、诲之不倦，岂是我所可以报答于万一的？仅此一端，即足可成为我此前、此后人生努力的目标了。记得最后一次与先生交谈时，我说到自己不才，有负先生教诲，先生马上正色规勉道："不可自卑！"并垂告以诸如当年寿石工、冯公度先生对他的鼓励等语。这也给予我学习和评述先生的底气和力量。

我有时候想：启先生给予我那么多，我为先生做了什么吗？经过反思，我认为有几件事，大约可算是我为先生的"弟子服其劳"吧。其一，受先生之托，将港版《汉语现象论丛》转至中华书局出简体字版，并依书局要求写出《推荐意见》，此书得以顺利出版并荣获"国家图书奖"；此《意见》还被中华书局送至东北某书评杂志作为书评文章（应该是对于该书的第一篇书评）刊出。其二，在此基础上，参加由王宁先生主持的北京师范大学民俗典籍文字中心承办的"《汉语现象论丛》学术研讨会"及相关学术会议，提交并宣读论文。其三，撰写《学习与继承启功先生语言文字学遗产》《确立启功先生语言文字学大师的地位》等文章，并在《中国语文》等杂志发表，又于先生百年诞辰之际撰写《回忆作为语言文字学家的启功先生》，刊于《以观沧海——启功百年诞辰纪念文集》。由于上述与王宁先生及其团队的诸多合作与努力，我们成功地将先生的身份定位增加了"语言文字学家"一项，并且得到社会和学界的广泛认同。这不仅对先生来说是实至名归，且自此也使人们对先生的学术地位、学术认定更加全面、准确。我想先生对此应该是会首肯并且满意的。因为中国传统的知识分子，凡是熟读并深研过"十三经"的，都是希望在"经学""小学"方面有所建树。对此，我已专门写了文章进行阐述。

此外，我曾屡次劝说先生撰写回忆录（一次还见于《启功年谱》1999 年 2 月的记录），先生均以"不愿温习痛苦"为辞而婉拒。但后来先生还是在弟子赵仁珪和内侄章景怀帮助下，完成了一部二十万字的《启功口述历史》，为世人留下了一代宗师宝贵的人生记录。我想我的劝说应该多少也起了一点儿促进作用，也是足可聊以为慰的吧。

对于这本纪念启先生的小书，我自己老是不太满意。对已经写出来的，有时回头再看，所评所述，总觉得是那么谫陋、肤浅。先生的艺能学问，是那么博大精深，本书对于相关的许多方面只是一知半解，浅尝辄止，某些方面甚至根本不敢碰上一碰，例如先生暮年花费不少精力撰就的《读〈论语〉献疑》，涉及经学史上若干重大问题，我尽管拜读多次，至今也未敢置一词。想写的东西很多，已有的篇什，不时补充一点儿，总是觉得写不尽。这里要向精心为本书作序的王宁老师诚恳致歉：王老师是位非常热心提携后进的人，对于工作和写作历来一丝不苟，她说："我凡是为人写序，必须要先把全稿读过，然后才能开笔。"但是此次我请她作序时，尚未给全书定稿，所以王老师并未读过全稿，她给我开了特例。

说起书序，又不由得想到启先生在《我心目中的郑板桥》一文中赞赏板桥先生"自己在诗集之前有一段小叙云：'板桥诗文，最不喜求人作叙。求之王公大人，既以借光为可耻；求之湖海名流，必至含讥带讪，遭其荼毒而无可如何，总不如不叙为得也。'多么自重自爱！"我想起先前自己也出书若干，除了与友朋合作的《商周古文字读本》曾请李学勤先生作序之外，独著的诸如《中国汉字源流》、论文集《述学集》等，也都没有求人作序；不过这本小书，却早在动笔之初，就郑重其事地央请王宁老师写序了。这是因为这本小书在我心目中实在太过神圣，必须冠以一篇序文才算完整，而在我的心目中，只有王宁老师才是同时于我、于启功先生有着亲密接触、深入相知的人，所以请她作序是完全必要的。我相信她的序文一定能为我这本小书增色，只是现在看到王宁老师的序文，对我谬奖之处不少，转而使我不免又惭愧无地了。

商务印书馆责任编辑俞必睿，也是启功先生的崇拜者，为编好此书可谓殚精竭虑；美术编辑毛尧泉、郝永祺是资深美术设计师。通过他们的共同努力，保证了本书的编辑质量和设计水平，也使我非常满意和感谢！

2022 年 3 月定稿于北京潘家园